屋上の空

こうして音楽で生きてきた

松隈ケンタ

目次

まえがき

BiSHが解散を発表して以来、自分はなぜ音楽プロデューサーとしてガールズPOPをやってきたのかと考えていて、思い出したことがある。

あれは十八歳の頃だったと思う。僕は地元の福岡県久留米市で久留米工業高等専門学校に通いながら、バンド活動に明け暮れていた。ちょうど時代はビジュアル系とかメロコア（メロディック・ハードコア）バンドの全盛期でね。一番影響を受けたのは、森重樹一さんがボーカルのZIGGYだった。

Bon Jovi（ボン・ジョヴィ）や、Aerosmith（エアロスミス）、MR.BIG（ミスター・ビッグ）なんかも流行ってたし、レッチリ（Red

Hot Chili Peppers)、Rage Against the Machine（レイジ・アゲインスト・ザ・マシーン）、Green Day（グリーン・デイ）……。ロックやメタルの王道バンドなんかを曲単位で何でもコピーしてた。

バンド活動は今でもそうだろうけど、四、五組集めてライブハウスを箱貸ししてもらう「対バン」が普通だった。一日十万円から十五万円ぐらいの箱代をそれぞれが集めるお客さんからのチケット代で回収する。だから、まずバンドの数が集まらないとライブはできない。

それで知り合いをたどって対バン相手を探すんだけど、その時はなかなか見つからなくて。ようやく見つけたのが、ジュディマリ（JUDY AND MARY）のコピーバンドだった。

でも、他の出演者は僕のバンドも含めて男ばっかり。それもドイツのメタルバンド、Helloween（ハロウィン）とか、ハードロックのBon Joviなんかのコピーバンドだった。

そんな男臭い中に、ポップなジュディマリを歌うガールズバンドが出てくれるのかと思ったけど、「ギターをサポートしてくれるなら出るよ」って言うんだよ。ライブやりたいし、背に腹は代えられない。まあ、ちょっと興味もあったしね。それで、生まれて初めて女性ボーカルバンドのエレキを弾くことになったんだ。

そのバンド名は「ストロベリーキッス」。ゴリゴリのロック少年だった僕にしてみると、何とも照れ臭い感じではあったけど、ジュディマリの曲も弾いてみるとなかなかにテクニックがいる。それに、リハーサルしてみるとなぜかベースの音がずれていて。よく見ると、ベースの子が弦を上下逆さまに張っているんだよ。

そんなことってあるのっていうか、今までよく弾けたよねと驚いたんだけど、どうしても一曲弾けない曲が出てきて。それで、その子も弾けるような曲として急きょ、僕がオリジナル曲を作ったんだ。ちょうど彼女たちが高校卒業前だったから「別々の道」というタイトルにして。

そんなこんなでドタバタしながら、ライブ当日を迎えた。僕らや他のロックバンドのお客さんは、それぞれだいたい三十人ぐらい。まずまずの集客だった。

ところが、ストロベリーキッスのお客さんは、何とその三倍の九十人以上。しかも女子ばかり！　メンバーがいくつかの女子高にまたがっていたこともあってか、集客力は絶大だった。

そして、演奏を始めると「キャーキャー」と大歓声が。それも、紅一点ならぬ男一人「黒一点」の僕に集中して、もう何がなんだかわからない状況になった。ステージを降りると何十人の女子からポケベルの番号を聞かれるし（今の携帯番号みたいなもんだね）、とにかく人生初の経験だった。


僕のモテぶりはともかくとして、女子たちの「キャーキャー」を聞いた瞬間、人を楽しませるというのは、こういうことなんだと皮膚感覚でわかった。自分の好きなものより、人が好きなものをやることが大事なんだ、と。

そして、自分がやっていくべき音楽の方向性が見えた気がした。

ああ、J‐POPなんだなってね。

ライブのあとには、思わぬ副産物が待っていた。お客さんへのアンケートに「オリジナル曲がよかった」と書かれていたんだ。何人も何人も。

それから僕は、オリジナル曲の制作に精を出すことになった。


BiSHが二〇二一年のNHK紅白歌合戦で歌った「プロミスザスター」を書いたのは、それから約二十年後のことだ。思い返せば、挫折も失敗も限りなく繰り返してきた。どのくらい立ち止まったかわからない。だけど、人生に約束されたものなんかない。ただ奇跡を起こせる日を信じて、未来を待っていたい。そんな風に自分を励ましながら歩んできた道のりを今、語ってみようと思う。

第1章　小中学校時代

音楽プロデューサーとして、よく「音楽との出会いは」という質問をされる。何か劇的な出来事を期待してのことだろうけど、最初はそうでもなかったんだ。親父がフォークソング世代で、よくアコースティックギターを家で弾いていたから、小さい頃から音楽は身近なものではあったけどね。

稲垣潤一さん、HOUND DOG（ハウンド・ドッグ）、チャゲアス（CHAGE&ASKA）、浜田省吾さんなんかの曲が家や車で流れていて。親父からアコギを教わったりコードブックを見ながら弾いてみたり。おもちゃのドラムの前で写った写真もある。でも、それが理由で音楽にのめり込んだというわけでもなかったんだ。

それより好きなのは、メカだった。小学校の低学年の頃、家の周りにでき始めたコンビニで、親父が五百円ぐらいのバイクのプラモデルを買ってくれて、一緒に作った。それがなんだかむちゃくちゃ楽しくてね。むしろそっちの方が、音楽制作にはつながっているのかもしれん。

なぜかって？　まあ、その前に生い立ちについて話をさせてほしい。だんだん謎が解けると思うから。生まれたのは一九七九年、昭和五十四年の九月二十六日。出生地は栃木県那須塩原市だった。

ここで早くも「福岡出身じゃないの？」問題が勃発する。ほとんどの人が生まれてから親元を離れるまで同じ場所で育つから、僕たちのような人間には世間の当たりが異常に強い。本当は栃木じゃないのかとか、（最終的な実家のある）佐賀じゃないかって言われることが多くて、実は結構めんどくさい。

似たような境遇のジプシーたちと話すとみんな同じく困っているので、出身地＝出生地と紐付かない人間にも優しく接してほしい。僕は今まで住んだ土地すべてが出身地だと思ってるし、愛着がある。

親父は福岡県久留米市が発祥のタイヤメーカー「ブリヂストン」の社員で、転勤先の那須塩原で会社の同僚だった母ちゃんと知り合って結婚した。

それから転勤で東京にも一年ほど住んだけど、小学二年の頃、久留米に戻ってきた。久留米には石橋正二郎さんが興したブリヂストンと、その兄さんの二代目徳次郎さんが興したアサヒシューズという二大企業があってね。筑紫平野を悠々と流れる筑後川の川沿いに、その工場がドーンと並んで建っていた（この筑後川を渡ると、僕がバンド活動に明け暮れることになる母校の久留米高等専門学校がある）。


その周りに、まるで城下町のように社宅の団地が、そりゃもう爆裂っていうくらいあって。十棟以上あったと思うけど、うちはA棟の三〇一。久留米大学の医学部の目の前だった。近くには名門の福岡県立明善高校もあったし、文教地区と言えるかもしれないね。篠山《ささやま》小学校というところに通ったんだけど、下手すりゃクラスの半数ぐらいはブリヂストンの子どもたちで。夏の筑後川花火大会では、親父の会社が場所取りしてたから、いい場所から見てたなあ。

またこの小学校がけっこう風変わりでね。制服が体操着なんよ。春夏秋冬、半袖短パンで通えるかどうかが勲章みたいになってて。一応、長袖のジャージもあるんやけど、それを着とったらダサいみたいな。冬も半袖短パンで走り回るのがいいんよ、って感じで。あ、ときどき方言が出るけど、ご勘弁を。その方が僕の実像に近いし、気合が入るからね。

上履きもみんな履いてなくて、画鋲とか踏むんよね。もう血だらけになって遊んどった。乾布摩擦もさせられたし、風の子みたいな感じでグラウンドを走り回ってたね。昭和の体育会系な小学校やった。今はさすがに違うと思うけど。

振り返ると楽しかったけど、クラスメートは親の転勤で出入りが多くて、小さい頃からずっと一緒っていう幼なじみはいない。といっても、同じ会社の団地で親同士は知り合いが多い。そんな環境だから、自分が社交的な部分と内向的な部分を併せ持つ性格になったんじゃないかなと思うこともある。

小学校では久留米の歴史をめちゃくちゃ学ばされたんよ。「僕たちの久留米市」みたいな副読本があって。石橋正二郎さんは、ブリヂストンを世界的なタイヤメーカーに育てた偉人やけど、実はお兄さんの徳次郎さんが足袋にゴム底を付けた「地下足袋」を発明した人で。そのゴムを使ってタイヤを作ったとか。だから何となくものづくりっていいよなと思ってた気がする。

親父は文系で、会社でも労務的なことをやっていたんだけど、僕は理系的なことが好きだった。ガンダムのプラモとか、あとミニ四駆。それと「ゾイド」ってやつ。今もあるけど、恐竜とか動物をモチーフに作られた組み立て玩具で、モーターを使って動くんよ。

週刊少年ジャンプとかの漫画雑誌を読んでると、最後のページあたりに「電子工作」の広告があって。ハンダゴテでパーツ付けてロボットみたいなものが作れるやつ。それがどうしてもやりたくなって、親にねだって小三ぐらいからハンダゴテでＩＣとか抵抗を付けて遊んでた。

最初に作ったのは嘘発見器。嘘ついたら「ピコん」と光るやつ。あとは電子ピアノね。その頃、弟と妹はピアノとかエレクトーンを習ってて。僕は何もやってはいなかったけど、とにかく作るのが好きだった。

あと、ファミコンも本当に初期の頃、じいちゃんに買ってもらった。小学校に入る前ぐらいだったと思う。大ブームになって、じいちゃんが「これからはコンピューターの時代だ」とか言って。まだカセットが何本かしか出てない頃だったけど。

母ちゃんからは「ゲームばっかりやってるとアホになるよ」って言われてたな。でも、今はまさにパソコンで音楽制作するＤＴＭ（デスクトップミュージック）をやってるわけだから、小さい頃の経験はものすごく生きてると思う。ゲームばっかりやってたおかげで仕事になってるんだもんね。

ゲームも爆発的に進化していった。音も最初は三音ぐらいしか同時に流せなかったけど、スーパーファミコンになって十何音を同時に出せるようになった。そうするとコードを鳴らしたりドラムが打てたりする。そして、カセットがＣＤに変わった瞬間に本物の音が入れられるようになって。

小学生のうちに、そういう進化を目の当たりにできたのはよかった。最初に買ったのは「Ｆ１レース」。本当にシンプルだったけど、それからすぐ「スーパーマリオブラザーズ」が出た。僕はシミュレーションゲームで何か戦略を考えたりするようなのが好きで。「シムシティ」とか「信長の野望」とか。自分がパンチとかキックして戦うアクションものじゃなくて、考えながらやるやつが結構好きだった。

だから、プロデュースとか経営的なものが好きなのかもしれないね。中学の頃には「ストリートファイターⅡ」がブレークして、そのあとは「ドラゴンボール」とかもやったけどね。まあ、いわゆるゲーム世代だったわけだ。

そうやって電子工作とかファミコンに浸ってたわけだけど、「ものづくり」という点ではすごく影響を受けた人がいた。それは伯父さん。親父の兄さんなんだけど、この人が理系の「ものづくりオタク」だったんよ。一九八〇年代からパソコン通信やってたし。電子工作も伯父さんに相談したらむちゃくちゃ詳しくてね。

今でも忘れない。これは本当にエモい思い出だけど、福岡市に「カホ無線」(今は「カホパーツセンター」)というのがあって、そこに連れて行ってもらったんだ。久留米から西鉄電車に乗ってね。福岡市中心部の天神まで行くと、赤と白で塗られたNTTのでっかいタワーがあって、めちゃくちゃ都会に来た気がしてたね。

カホ無線はその天神にほど近い今泉というところにあった。ちょうど、僕が今事務所を構えている場所とは目と鼻の先。まったくの偶然なんやけど、何か縁があるのかもしれん。で、店に入ると電子部品とかネジ類とか、パーツが無数に並んでいて。好きな人にはわかると思うけど、電子工作オタクの少年としては、とにかく時間が経つのを忘れるくらい楽しかった。

そしてちょうどその頃、テレビで見たのがNHKのロボットコンテストだった。あれは僕の進む道を決めた瞬間だったね。そのロボコンで大活躍していたのが、久留米高専だったんだよ。それで、将来は久留米高専でロボコンに出ようと小学生の僕は夢を膨らませたわけだ。学校は家から近いしね。

ところが、世の中そんなに簡単にはいかない。そげん簡単にいくわけないいったい！　あ、興奮して方言が出てしまったけど、そのことについては、またあとで。

音楽の話に戻すと、初めて見たライブは大友康平さん率いるHOUND DOGだった。小学校の高学年の頃だったと思う。久留米にブリヂストンが建てた石橋文化ホールというのがあって。たぶん親父が会社でイベントに関わってたんで入れてもらったんだと思う。もう、強烈だったね。とにかくカッコよかった。一番後ろの席に座ってたら、隣にいたお姉さんたちから「立って立って」って言われて。いやいや立たされて、弟と二人で見た記憶がある。

その頃はバンドブームだった。「イカ天（三宅裕司のいかすバンド天国）」というテレビ番組があってね。アマチュアバンドが勝ち抜きでチャンピオンを決めるっていう。ＢＥＧＩＮ、たま、BLANKEY JET CITYとかはこの番組から出てきた。

初めて買ったCDは「たま」だったと思う。「さよなら人類」という曲は衝撃だったね。「今日人類がはじめて　木星についたよ」って歌われると、なんじゃそりゃって感じでインパクトが大きかった。

ただ、イカ天は深夜帯の放送だったから、小学生としてはいつも見るわけにもいかなかった。それより、バラエティー番組から受けた影響の方が大きかったかもしれない。「とんねるずのみなさんのおかげです」という番組で、不良たちが「矢島工務店」というバンドを結成するコントがあって、これにハマってた。

不良たちが眠りこけているところに、ザ・ブルーハーツの「リンダリンダ」が流れると、全員がボーカルの甲本ヒロトさんみたいに飛び跳ねて回るっていう。それでブルーハーツも知ったしね。パンクなんだけどメロディーラインはきれいだから歌謡曲的で、子どもの僕にも受け入れやすかった。LINDBERG（リンドバーグ）もそうだったな。J－POPの走りと言ってもいいと思う。

山田邦子さんの「邦ちゃんのやまだかつてないテレビ」とかもよく見てたなあ。番組内でバンドも組んでたし、主題歌は「愛は勝つ」（KAN）とか「それが大事」（大事MAN

ブラザーズバンド）だった。そういえば、そんな風に音楽をひとつの要素としてしっかり使っている番組って、今は見かけないよね。

その頃ほれ込んだのが、爆風スランプだった。添削式の通信教育講座で「進研ゼミ」というのが今もあるけど、そのＣＭソングで爆風スランプの「涙[2]（なみだなみだ）」という曲が流れていて。入会するとその曲のＣＤがもらえると宣伝してた。もう、謎の抱き合わせ商法だよね、勉強せないかんのに。まあ、元気が出るっていうことだったのか。だけど、無茶苦茶カッコよくてどうしても欲しかった。それで親に頼み込んで入会したんだ。

それから家にあったミニコンポで毎日のように聴いとったんやけど、夜中にＣＤがプレーヤーから出てこなくなった。ふつうは修理に出すんやろうけど、電子工作とかやってたから自分で直せるんじゃないかと思ってね。分解して調べてみると、どうやらＣＤを排出する機器の力が不足してるようだった。それで、輪ゴムとか竹ひごを使っていろいろやってると、直ったんだよ。

うれしかったね。家族みんなが寝静まっている真夜中に、初めてのリペアに成功したんだから。で、「涙[2]」を入れてみた。イントロは「シュー」というリバースシンバルの音で始まって「ダダッ、ダダッ、ダダッ、ダダッ、ダ」とドラムが刻み、エレキがうなるんやけど、いつの間にか音量がマックスになっとるやないか。

部屋中にロックが爆裂！　その音圧で漫画みたいに後ろに吹っ飛んでしまった。

家族は誰も起きてはこなかったけど、耳はキンキンするし、心臓が止まりそうやったね。

リバースシンバルは、ドラムのシンバル音を逆再生する手法で、効果音としてよく使われるんだけど、あれはトラウマ。今もレコーディングであの音が流れてくると、思わず身構えてしまうよ。

ちなみにこの曲、二〇二〇年にリリースされたサンプラザ中野くん（ソロ）のミニアルバム「感謝還暦」の中に「涙[2]（２０２０青春Ｖｅｒ．）」として収録されている。

そんな風に音楽に目覚めつつあった小学六年の頃、クラスにちょっとおませな女の子がいてね。「あんた、これ知っとう？」って流行りのバンドとかを教えてくれるわけよ。B'zとか、ＷＡＮＤＳ、ＺＡＲＤ、T-BOLAN。あとX JAPANとかね。

それで、昼休みとかにピアノの上手な子が教室のエレクトーンみたいなので弾いてくれるわけ。例えば「Ｘのこの曲やって」と言うと、すぐ弾けるんだよ。それが不思議でね。何でだろうと聞くと、この曲と同じコード進行の曲があって、それを知ってるからだと教えてくれた。

この一言は、爆裂に衝撃だった。そうか、音楽ってそういう風にできてるのか、って。これが僕の音楽人生の幕開けだったかもしれない。その場で、この曲とこの曲のこの部分は一緒だよね、とか、キーを変えたら同じだよね、とかいろいろやってくれて。

それまでアコギを弾いてて、カポタスト（ギターのネックに装着して移調する道具）を付けたらキーを変えられるというのは何となく知ってはいたけど、理屈で説明できるんだということがわかったわけ。それがメカ好きな僕の理系頭にピンときた。

音楽の成績はずっと「２」しか取ったことなくて、楽譜も読めなかった。でも、彼女の話を聞いてからミュージックビデオを借りて見るようになったし、覚醒させてくれた恩人だね。

久留米というところはブリヂストン城下町で、みんなが中流というか生活が安定していたせいか、文化的だった気がする。豚骨ラーメン発祥の地と言われるし、「ほとめき通り商店街」という大きなアーケード街とか、「文化街」という繁華街もあったし。親が自営業の子も多くて、僕はいつも宝石店の息子とか医者の息子とつるんで遊んでた。

それに、久留米の人たちは地元が生んだエンターテインメントに誇りを持ってるからね。亡くなってしまったけど、シーナ＆ロケッツの鮎川誠さん。そして、ロックバンドARBのボーカルで俳優の石橋凌さん、松田聖子さん、チェッカーズ。藤井フミヤさんには一度ご挨拶させてもらったけど、オーラがすごくてまともに目が見られなかった。

フミヤさんといえば、僕が小学五、六年の頃だったと思う。久留米の水天宮という神社で結婚式をされた時、一目見ようという人たちで道が大渋滞になった。何せチェッカーズは、全盛期には音楽番組「ザ・ベストテン」のランキングに三曲同時に入ってたくらいの超人気バンドだったからなあ。ちょうどその頃からカラオケブームになって、僕も家族とか友達でカラオケボックスに行ったのを覚えてる。

小学生の頃の思い出といえば、あとは野球。親父が地元福岡の西鉄ライオンズのファンで、よく福岡市の平和台野球場に連れて行ってくれた。と言っても、僕が生まれる前に西鉄は西武に身売りして埼玉県所沢市に移転したから、プロ球団は不在だった。

それが四年生の頃、ダイエーが南海ホークスを買って、福岡ダイエーホークスが誕生した（それが今の福岡ソフトバンクホークスになる）。その試合を見に行くわけなんだけど、親父はライオンズファンのままだから、西武サイドに座る。僕と弟はダイエーの帽子をかぶってブーブー言いながら見てた。

放課後とか休日には、友達とよく三角ベース（三塁がない野球遊び）をやった。カラーバットとふにゃふにゃのボールで。団地の狭間にある小さな公園だから、よく知らない家のベランダにボールを打ち込んでたけど「おばちゃん、ボール取って」と言うと「あいよ」と怒りもせずに返してくれた。誰もいない家だと、ベランダをよじ登ってボール取りに行ってたし。今じゃあり得ない話だよね。

僕はガタイも大きくないし運動神経もないから、中学では野球部に入ったり辞めたり。それでも野球が好きで、二〇二〇年には草野球チームを作ってしまった。全国四都市で活動していて「スクランブルズベースボールリーグ」と名付けて、年に一度は福岡ペイペイドームを貸し切りにして試合とかイベントもやってるよ。

野球好きの縁が繋がったんだろうけど、二〇二一年にはホークス球団の応援歌を作らせてもらった。「サンライズ」と「Don't be afraid」という曲で、演奏は僕のバンド「Buzz72+」（バズセブンツー）。スポーツ専門チャンネル「スポーツライブ＋」（スカパーＪＳＡＴ運営）が放映するホークス全試合中継の公式テーマソングだった。これは本当にうれしかったね。

中学になると、親父が家を建てたんで、佐賀県基山町というところに引っ越すことになった。基山は福岡と佐賀の県境にある小さな町で、ＪＲや高速道で福岡市まで三十分ぐらいの距離にある。久留米にも近いから、ベッドタウンとして発展していた。

二十五歳になってバンド「Buzz72+」でデビューする時、出身地をどうするかと聞かれてちょっと悩んだことがある。生まれは栃木県の那須塩原、それから久留米に来たけど基山に住んだ。でも高校は久留米高専だし、バンド活動の拠点も久留米だった。それで出身地を「久留米」にしたんだ。

基山も暮らしやすい町で、好きだった。実は、中学の一つ上の先輩がお笑いコンビ「どぶろっく」の森慎太郎さんと江口直人さんなんだ。高校を卒業してからのアルバイト先が同じで、三人でシフトを回していたという関係なんだけど。いつの間にかお互いエンタメの道を歩んで二〇二二年にはＴＮＣテレビ西日本の「福岡に音楽番組をつくりたい！」という番組で共演させてもらった。縁とは本当に不思議なもんだよね。

それでまあ、中学に入ると先輩たちが学園祭でバンドやっててね。例の音楽女子から覚醒させられた僕はもうバンドがやりたくて仕方がないわけ。それである日、また少年ジャンプの最後のページあたりにエレキギター初心者セットみたいなのが載ってて。アンプとかチューナーとかケーブルも付いた五点セットみたいなやつだった。

それで、母ちゃんに「高校に合格したら買ってくれ」と頼み込んだ。めでたく久留米高専に合格してエレキが家に届いた春には、もう弾きまくったね。高校に行けばバンドがやれるだろう、そのためにできるだけ練習しとこうと思って。

だから、今も母ちゃんには感謝してる。栃木から遠い九州に嫁いできて言葉もわからんし、結構苦労したと思う。じいちゃんは福岡市南区に住んでたけど、絵に描いたような博多の頑固じいさんで。親父が男ばかり四人兄弟の末っ子だったから正月とかに集まると末席だし、母ちゃんは手伝いせないかんから、座るどころじゃない。あと、豚骨ラーメンの臭いがどうしても駄目だったらしい。たぶん当時、栃木にはなかったんじゃないかな。

親父は放任主義というか、あんまり子どもに構うタイプじゃなかったけど、母ちゃんはやりたいことをやらせてくれた。一億総中流とか言われた時代で、あの時代のサラリーマンの奥さんって教育熱心だったからかもしれない。

水泳とか剣道、書道、野球、塾通い、興味があることはいろいろやらせてもらった。爆風スランプが聴きたくて入った進研ゼミもそうだったな。飽きっぽくてすぐやめるんだけど。剣道なんかね、近くの道場の師範がラーメン屋の社長だったけど厳しくて。面の受け方がわからなくて、頭のてっぺんに入ると痛くて頭がかち割れそうで。

でもね、経験するとしないとでは違うと思うんだ。少しでも首を突っ込んでると、何かの時に役立つっていうか。親父もやりたきゃやれ、やめたきゃやめろって感じで。無口なんだけど、ボウリングとか自分の趣味に夢中で、母ちゃん置いて仲間で旅行にも行ってた。普通は奥さんが友達と行くもんだと思うけど。割と自由奔放で自分が面白いと思ったことにはどんどんハマっていく人だった。

でも四十代になって、自分が親父に似てきたような気がして嫌だね。自分で決めたら変えないっていうところとか。例えば家族と晩飯を食べに行くことになって、最初は何でもいいよって言って決断が遅いくせに、自分の中で焼き肉だと決めたら、もう変えられない。トントン物事を進めたくなる。

自分の中で決まってることとずれてしまうと嫌なんだ。例えば、今は会社を経営してるけど、僕は経営を中距離で見る。普通は一年後、三年後、十年後を考えろ、っていうけど、僕は半年から十カ月後ぐらいを考えてしまう。

不思議なんだけど、これはたぶんバンド活動をやってた影響かなと思う。バンド時代は音源作ってライブハウスを押さえてからCDリリースまで、だいたい半年から十カ月先のスケジュールを組んでたからね。レコード会社とかプロダクションの人たちは一年後、二年後の話をするんだけど、まったく理解できなかった。

逆に来月どうする、とか至近距離も見えてないんだけど。でもこれは誰も見てない独特の距離感だから、いいんじゃないかと自分では思ってる。なにがしか人と違う視点を持ってるのはいいことなんじゃないかな。

せっかくだから自分の性格を分析してみたい。血液型はA型だから、神経質なところもある。とくに仕事場が整頓されてないと、スタッフに細かく指示してしまう。でも逆に自分の部屋はむちゃくちゃ汚い。よくある典型的な男子の部屋っつうか。片付いてるかどうかよりも、自分がよく使う物の順に近くに置いておきたいから。

僕の中では整理されているんだけど、他人から見ると散らかってる。そういう性格的に欠落している部分を家族とかスタッフとか友達に迷惑かけながら、助けられてるなっていうのはとっても思う。

だからなのか、自分でも不思議なんだけど、肌が合う人と合わない人が二極化してて、挨拶しただけでキレられたこともある。人生で三回も！　まだ何も話してもいないのに、ガン無視された。もう、わけわかんない。

まあ、高校時代からギタリストとしてステージに立ってて目立ちたがり屋だったし、お客さんたちみたいに自分のことを知ってくれているという前提で接しているのかもしれないね。生意気に見えるのかもしれない。そこは改めたいと思ってはいる。

第2章　高専時代

さて、ＮＨＫのロボコンに憧れた僕は、めでたく久留米高専に合格した。普通高校と違ってあまり知られてないかもしれないけど、定員は五学科合わせて二百人だけだし、結構な難関だった。僕の第一志望はプログラミングが勉強できると思っていた「制御情報工学科」。だけど合格したのは、第二志望の「工業化学科」だった。制御情報工学科は一番人気だったし、成績順だから仕方がない。

工業化学科はカーボンとか石油とか有機化学を学ぶところで、僕は結局ロボットにはまったく触れることなく学生時代を過ごすことになる。落胆もしたけど、このことが僕をバンド人生に導いたのかもしれない。制御情報工学科に進んでいたらロボット研究者になってたかもしれないんだから。いや、本当に。

そんなことを言っておきながら言いにくいけど、実は三年の時に留年してしまった。高専は五年制だけど、僕は六年間通うことになる。厄介なことに、僕の代で工業化学科は廃止されて、バイオケミストリーを学ぶ「生物応用化学科」に改編された。それが時流に乗っていたせいか、めちゃくちゃ人気になって。後輩たちは頭がいいし、僕は前年とはまったく違う授業を受けなきゃならないし、散々だった。

まあ、それは言い訳で、つまりはバンド活動をやりすぎて勉強には身が入らなかったわけだ。でも留年が決まった時は、さすがに母ちゃんには申し訳ないと思ったね。

入学してすぐ仲良くなったのが、ミツマスくんだった。これが僕にとってはキーマンになった。マックマとミツマスだから出席番号が近かったのと、彼は学校にギターを持ってきてたんだ。こっちはバンドがやりたくてうずうずしてるわけだから、ど真ん中の直球を投げられたようなもんだった。打たないで見逃すなんてあり得ない。それにしても、ギター持ち込みが許されてたんだからいい学校だよね。

通学に使う電車も同じだった。久留米高専はＪＲ鹿児島線でも私鉄の西鉄大牟田線でも通学できるから、ＪＲ派と西鉄派がいたんだけど、西鉄派が大多数。だけど基山から通う僕と福岡県篠栗町というところから通うミツマスくんはＪＲ派だった。

篠栗から久留米までは一時間前後だけど、福岡の方から来てるというだけでシティーボーイな感じがしたし、入学した時から茶髪だった。中学の頃からギターをやってたと聞いたこともあって、僕はもうこいつとつるむようになるわけだ。

それで、一緒にバンドをやろうかとか話をしている時に、彼が衝撃の一言を放ったんだ。

「ケン！　俺はね、音楽で食っていきたい。俺は卒業したら音楽で食っていくよ！　たとえ楽器店の店員だろうとも音楽で飯を食っていきたい、一生音楽で飯を食っていくばい！」

と言うんだよ。これが弱冠十六歳かそこらのハナタレ小僧だった僕には、もう脳が電撃を食らったくらいの爆裂な衝撃で。今に至るまで心に残っている。ミツマスくん本人は覚えてないと思うけど。

プロになるのが一番の夢だけど、プロじゃなくても音楽で食っていきたい。その時に僕もそう思った。この瞬間に今の人生が決まったと言っても過言じゃない。

いまだに楽器店の店員でもいいから音楽に関わっていきたいと本気で思ってるしね。誤解しないでほしいんだけど、見下してるんじゃなくて、楽器店の店員は崇高な仕事だと思ってる。実際、僕は高専を卒業してから楽器店の店員になる。今でもくじけそうになると、彼の言葉を思い出すんだよね。

そのミツマスくんは今なにをしてるかと言うと、大分の別府市あたりで、趣味の釣りを楽しみながらサラリーマンやってるというウワサ。ギターを釣り竿に持ち替えたってわけ。それはそれで彼らしくて最高に素敵なことだと思う。彼の名言がなかったら僕は途中で音楽を諦めてたかもしれない。感謝してる。

その時、もうひとつ思ったのは、プロミュージシャンになるとかバンドでデビューすることだけが音楽で生きることじゃないっていうこと。裏方もカッコいい。音楽でお金を稼ぐっていうのはすごいことなんだって。

それからというもの、僕はミツマスくんから音楽情報を仕入れながら、バンドの真似ごとを始めた。福岡に音楽プロデューサーで深町健二郎さんっていう有名な人がいるというのを聞いたのも、ミツマスくんからだった。その頃、深町さんは「ドォーモ」（ＫＢＣ九州朝日放送）という深夜の人気番組にレギュラー出演してて、すごいなあと思って見てた。そんな人と今は一緒に仕事させてもらってるんだから、本当に人生わからないもんだ。

もう一人、テシマっていう面白いヤツがいてね。入学早々、四百ccの中型バイクに乗って現れて。それで僕らも原チャリ買って、みんなで篠栗のミツマスくん家まで遊びに行ったり、流行ってた競馬ゲームに興じたり。他愛のない遊びに夢中になってた。そういえば、テシマが厩務員になりたいと言い出して、みんなで競馬場を偵察しに行ったこともあったな。

そのテシマがボーカルで、僕とミツマスくんがギター。中学からの友達だったソウちゃんがベース、リュウちゃんがドラムという構成で、バンドを組んだ。一時のバンドブームは下火になってたけど、その頃はまだ四十人のクラスごとにバンド一組ぐらいはあったな。ほかにも部活動では軽音楽部もあったけど、部活に入るのはなんだか怖くて入らなかった。

久留米高専って就職率はほぼ百パーセントで、資生堂とか雪印とかの研究室に行ったり、優秀なヤツは大学の三年に編入したりする学校で、同級生には東大とか東工大、大阪大、九州大に行ったヤツもいる。そんな中で音楽に打ち込めたのは、ミツマスくんとテシマのおかげだね。周囲からは、バンドばっかりやってどうするんだってよく言われたけど。

でも、そう言われる割には学校でのバンドの出番は多かった。二月ごろ卒業生を送り出す予餞会、六月には音楽祭、そして十一月に学園祭があって、バンド演奏できるんだ。学校行事で年に三回は出番があるわけだから、外のライブハウスとかに行かなくても結構忙しかった。その頃の高専で一緒に音楽を奏でた仲間はアラカワ、ヒロキ、ニシダ、メグミ、カズキ、他にもいっぱいいいた。楽しかったなぁ。

この本の冒頭にも書いたけど、僕らが一番影響されたのは、森重樹一さんがボーカルのＺＩＧＧＹだった。ちょうどビジュアル系とかメロコアバンドの全盛期で、邦楽だとＧＬＡＹ、L'Arc～en～Ciel、LUNA SEA、Hi-STANDARDなんかも流行ってた。

ＺＩＧＧＹの曲はスタイリッシュでしかもメロディアスで、歌謡曲ロックみたいな感じと言えばいいのかな。ミスチル（Mr.Children）とかスピッツに近いものがあって。僕は今も自分のバンド「Buzz72+」でそれを目指してる。ロックにうまく歌謡曲を融合させたバランス感が理想的なんだ。

当時、ＺＩＧＧＹのちょっと先輩格には、氷室京介さんとか布袋寅泰さんのバンドBOØWY（ボウイ）がいた。都会的でクールでカッコよくて好きだったけど、キャッチーという感じではなかった。最近だとSuchmos（サチモス）とかKing Gnu（キングヌー）みたいにシュッとしてるというか。

そんな感じで、最初は邦楽をコピーしてたけど、いつまでも邦楽ばかりやってるとダサいみたいな空気があって、洋楽に向かった。レッチリ、Rage Against the Machine、Green Dayなんかだね。ただ雑食というか、ライブでは何でもやってた。

初ライブは、福岡市東区の九州産業大学の近くにあったスタジオだった。当時の僕らからしたら、久留米から出かけていくわけだから、もう大変な旅なわけ。でもミツマスくんがデビュー戦はどうしても福岡で一発かましてやりたいってことで、そうなった。

ライブハウスとかスタジオとかホールとか、ライブの場所はいろいろあるけど、だいたいは「箱貸し」だった。一日借りて十万円とか十五万円とか。それを出演するバンドで割って負担して、チケットを売って回収する。だから、まずは出演する「対バン」相手を探す。自分の高校だけじゃ賄えないし、友達の知り合いとかを伝って誘ってたな。

初ライブではZIGGYとかBon Jovi、ドイツのメタルバンドHelloweenとかをやったね。緊張してたのか、お客さんの反応とかも覚えてないけど、その後も福岡市の親不孝通りや久留米にあるライブハウス、楽器店とかでライブを続けていた。

それで、二年の時、どうしても対バン相手が見つからないことがあって。バイト先で一緒だった同い年ぐらいの女子高生に、知り合いにガールズバンドでもいないか聞いてみた。するとおるんやけど、今はギターがおらん。あんたが手伝ってくれるなら出るかも」と言う。要するにサポートしてほしいということだった。

それがジュディマリのコピーバンドだった。その時の顛末は冒頭に書いた通りだけど、予想をはるかに超える人気だったわけ。それまで男だらけで自分たちの好きなロックをやってて、たしかに仲間内では納得感があった。でも、ロックを知らないヤツを無理やり呼んでもポカンとしてることも多かったし、もう自分の好きなものを押し付けるのはやめようと思ったんだ。

自分の好きなものを演奏するんじゃなくて、人が好きなものを演奏した方がいいなと思った。そして、それはJ－POPだと。この時のガールズPOPとの出会いが、ずっとあとになって僕の行く道を照らすとは思いもしなかったけどね。

そしてこの頃、もうひとつ衝撃の出会いがあった。それはMTR（マルチトラック・レコーダー）というものの存在を知ったこと。歌とかギター、ベース、ドラムの演奏をそれぞれ別のトラックに録音して調整して、ミキシングできるという録音機器だった。今はパソコンソフトとしても普及してるけど、当時は驚きだった。

さらにシーケンサーというものがあることも知った。これは、シンセサイザーを自動演奏させるためのデータを電卓みたいなテンキーで打ち込んでいく機器。いわゆる「打ち込み」ができる。どちらも曲作りやレコーディングに使える画期的な機器だった。

これはミツマスくんから教えてもらったんだと思うけど、その頃いつも読んでた「BAND やろうぜ」っていう雑誌にも新製品がどんどん紹介されるようになった。

それで、どうしても欲しくなって、夏休みに地元の土建会社でバイトした。ここ実はプロ野球の長野久義選手の実家なんだけど、うちの妹が同級生だったんで、母親同士が親しかった。それで、母ちゃんから頼んでもらったんだ。

砂とセメントを混ぜてモルタルを作ったり、荷物運んだり。大人と一緒に働いたのは初めてだったし、失敗してめちゃくちゃ怒られながらだったけど何とか踏ん張った。

それで稼いだのが八万円。すぐMTRとシーケンサーを買いに走ったよ。それでも余ったから、二本目のエレキも買った。安いやつだったけど、自分で稼いで買ったからうれしかったね。

それからはもう、打ち込みに夢中になった。それまでは親父が持ってたカセットレコーダーに作った曲を吹き込んでたけど、ドラマーの代わりに自分の指で打ち込めばドラムの音ができるし、多重録音もできる。これはもう、メカ好きには面白すぎて完全にハマってしまった。

四トラックのＭＴＲで三トラックを録音したら、それを一トラックに録音して、また新たなトラックを録音して重ねて……という作業を繰り返した音源でカセットテープを作ってた。それを配ったり、ライブ会場で五百円ぐらいで売ったり。

それからはだんだん、録音するために曲を作ってるみたいになってきて。それは楽曲を制作する裏方の楽しさを知った時期だったかもね。デビューするよりも、自分はレコーディングエンジニアになりたいんじゃないかなって思ってた。

高専に入った年にはWindows95が発売されてインターネットが爆発的に普及してたし、機器もどんどん進化して、ＭＴＲもカセットテープだったのがＭＤになって消去したりコピーしたりするのが簡単になった。その後はＣＤに焼けるようなものも出てきて。今のようにパソコン一台で何でもできるようになる少し前の時代だった。

自分でエンターテインメントやってるって感じで、本当に楽しかったね。YouTubeとか自分で手軽に配信できる今の若い子たちには伝わりづらいけど、やっぱりお客さんが喜んで手に取ってくれるものを作る感覚はすごく大事だと思う。

ライブのチケットも手売りして、お客さんと直接お金をやり取りしてたし。街角で音楽が好きそうな若者を見つけては、手当たり次第に声かけて売ったよ。お客さんを呼ばないとかっこつかないし、他のバンドには負けたくなかったから熾烈だった。そういうことも、今の子たちはあんまりしないけど、お客さん一人一人と丁寧にコンタクトして曲を聴いてもらう喜びは感じてほしいと思う。

そういう活動を続けていた頃、僕はまた人生の転換期を迎えることになる。ライブハウスで対バンした坂田鉄平さんという人から、バンドに勧誘されたんだ。

鉄平さんは二つ上の先輩で、学校の売店で会うと挨拶するくらいの間柄だった。でも当時、二つ上の先輩って怖かったんだよ。僕は小室哲哉さんみたいな長髪だったから「小室くん」と呼ばれていじられてたし、絡まれると面倒だから目を合わさないようにしてたぐらいだった。

そんな先輩から「うちのギターが辞めるから手伝わんか」と言われたんだ。ちょうど同級生たちと組んでたバンドも自然消滅してたし、僕はおっかなびっくりだったけど参加することにした。

それが「ＡＫＩＲＡ」というバンドだった。ボーカルが原田晃さん。鉄平さんがベースで、ドラムは木暮さんという人だった。曲は完全にオリジナルですごくレベルも高いし、人気もあった。僕はギタリストとして加わったわけだけど、このバンドからいわゆる「インディーズ」としての活動が始まることになったんだ。

鉄平さんと晃さんはプロ志向だったから、僕はくっついていくのが精一杯だった。拠点にしてたのは、福岡市中央区今泉の「ライブハウス徒楽夢《ドラム》」。ここは「めんたいロック」を広めたバンドも出演していた伝説の場所で、新人の登竜門でもあった。

めんたいロックについてちょっと説明しておくと、一九七〇年代から八〇年代初期の福岡で生まれたムーブメントを指す言葉なんだ。鮎川誠さん率いるサンハウスをはじめとして、ザ・モッズ、陣内孝則さんがボーカルのザ・ロッカーズ、石橋凌さんがボーカルのＡＲＢ、ザ・ルースターズ、そして鮎川さんと妻のシーナさんが一世を風靡したシーナ＆ロケッツ……日本のロックシーンに残るバンドが次々に生まれた。

僕はまだ生まれたばかりだから、リアルタイムではもちろん知らないけど、当時の福岡にはロック喫茶「ぱわぁはうす」、フォーク喫茶「照和」、ライブハウス「80'sファクトリー」という音楽の〝聖地〟みたいな場所があって、全国にめんたいロックの存在を知らしめていた。

でも、そういう店が次々に閉じてしまって、ライブできる場所がなくなった頃にできたのが「徒楽夢」だった。社長は西本さんという人で、福岡のバンドマンではたぶん知らん人はおらんやろうね。僕らは「マスター」と呼んでいた。

これは都市伝説みたいな話で、本当かどうかわからんけど、もともとマスターはスナックみたいな店をやってて、そこに陣内さんたちバンドマンが「ライブできんか」と機材を持ち込んだのが始まりらしい。その後、またバンドブームになってきて、マスターはドラムBe-1とかドラムロゴスとかを展開していった。ちなみにBe-1は博多駅近くのビルの地下一階にあったんだけど、その後は親不孝通りに移転して、今はロゴスと並んでいる。

実は、僕は二〇一八年に東京から福岡に戻ってきたんだけど、今泉の徒楽夢（当時はオーナーが代わり「DRUM Legend」となっていた）が閉店の危機にあると聞いて、経営を引き継ぐことにした。もともと福岡で若いアーティストを育てたいと思っていたから、その拠点にしたかったんだ。店名は「BAD KNee LAB.」（バッドニーラボ）。僕は草野球で右膝を痛めたことがあるんで、シャレのつもりで付けた名前なんだけど、結構気に入ってる。

で、話を戻すと、僕らの頃になるとバンドが成り上がるステップみたいなものができていてね。まず、今泉の徒楽夢で三カ月ぐらいライブをやって、お客さんをワンステージに何十人か呼べるようになると、次はBe-1に出演できる。

そこでは、他のライブハウスからのし上がってきた強者たちと対バンする。いかに集客できるかが勝負で、その戦いに勝ったら、次は大分のライブハウス「トップス」とか県外に遠征させてもらえる。そうすると、福岡市民会館とか福岡サンパレスのようなメジャーなステージが見えてくるわけだ。

僕が加入したバンド「ＡＫＩＲＡ」はすでに人気があったから、僕は幸運なことに二段階目のBe-1からのスタートだった。その頃に対バンして覚えているのは、フラワーカンパニーズとか、デビュー前のELLEGARDEN（エルレガーデン）、ACIDMAN（アシッドマン）。ずっとあとになって「凛として時雨」のドラム、ピエール中野くんと知り合いになって話していると、彼もツアーでよく来ていたらしい。

それが二十歳ぐらいの頃。僕は、バンドで食っていけるかもしれないと思い始めていた。

ところが、ここで事件が起きる。その頃、福岡では超人気だった「ドォーモ」という番組で「勝ち抜きいい男バトル」というのをやってた。そこに、AKIRAのファンの子がベースの鉄平さんを応募してくれたんだけど、なんと鉄平さんがグランドチャンピオンになってしまったんだ。

AKIRAは、僕以外はみんなイケメンだった。鉄平さんは身長も一八五ぐらいあったし、歌もうまくてB'zの稲葉浩志さんみたいな感じかな。ファンも多くて、スターだった。放送では、僕もバンドのメンバーの一人としてテレビにちょろちょろ映ったんだよ。それが人生初のテレビ出演。ま、それはどうでもいいんだけど。

この番組のあとだった。なぜかボーカルの晃さんが「俺は一人で東京に行く」と言い出したんだ。理由はよくわからないけど、メンバーのテレビ出演に刺激を受けたのか、負けん気に火がついたのか、それとも僕らとバンドを続けていてもデビューできないと思ったのか。すると、ドラムの木暮さんも結婚することになって脱退してしまった。

それでＡＫＩＲＡは解散。残ったのはベースの鉄平さんと僕だけ。だけど、不思議とめげなかったね。音楽に関わって生きていきたいという気持ちに変わりはなかったし。それで、二人で新しいバンド名を考えた。

最初の候補は「スペシャルゲスト」と「Sold Out」（ソールドアウト）。ライブのチケットにこの名前が載ったら面白いんじゃないかって。でも、あんまりかなと思ってやめた。最終的には「グランドスラム」という名前になった。これは野球の「満塁ホームラン」の意味で。僕は野球が好きだし、鉄平さんも野球部に所属したことがあるから、野球っぽい名前にしたかったんだ。

僕ら二人はそれまでの実績があったから、そのままBe-1に出演することができた。僕のオリジナル曲を使い始めたのは、その頃からだった。ボーカルとかドラムはオーディションをやったり、スカウトしたりして、入れ替わったけどね。

それで、この時に一人のドラマーに出会うことになった。それが轟タカシ。その後、今の「Buzz72+」まで長い付き合いをすることになるんだけどね。彼は鉄平さんとは高専の同級生で、当時は宮崎大学に編入していた。

で、大学院に進むかどうかというタイミングだったんだけど、鉄平さんに誘われてバンドをやるために福岡に戻ってきたわけ。彼にとっては大きな選択だったと思うよ。

それからもボーカルだけは不安定だったけど、一年ぐらいは活動を続けた。僕は高専の五年。鉄平さんは高専を卒業して、大学卒業の資格が取れる専攻科（二年制）に進学していた。だから学校の昼休みに中庭で待ち合わせして飯食って、一緒に西鉄久留米駅でティッシュ配りのバイトをして、リハーサルやって飲みに行って……そんな感じでとにかく毎日一緒だった。

そんなある日のこと。また大事件が起きた。鉄平さんが突然、「俺は俳優になる」と宣言したんだよ。実は駅前でティッシュ配りしていても、女の子たちから「いい男バトルに出てた人ですよね」と騒がれることも度々あって、地元じゃ人気があった。

そんな噂が東京まで届いていたのか、三宅裕司さんが旗揚げした「劇団スーパー・エキセントリック・シアター」からスカウトされたという話だった。そりゃあもう、愕然としたよ。だって、ボーカルの晃さんが脱退してから一年過ぎて、ようやく新しいバンドが軌道に乗り始めた時だったから。まったく、いい男すぎるのも考えもんやね。と思ったけど、

学祭で何らかのコピーバンドで出演した時の写真。
一番左が鉄平さん、ドラムが轟くん、右が松隈。

こればっかりは仕方がない。僕のバンド活動はまた振り出しに戻ってしまった。

これからどうすればいいのか。悩んだ僕は、ある行動に出た。前にも書いたように、僕はMTRのような機材を扱うのが好きだったし、バンドのレコーディングもやってて楽しかった。アーティストになるより、むしろ裏方のレコーディングエンジニアに向いてるのかもしれないとも思ってたんだ。

それで、久留米にあった音響（PA）会社に履歴書を持って突撃した。実は学園祭でライブをする時にPAをやってくれるタゴモリさんという高専の先輩がいて、彼が働いているのが「カスタムミュージックサービス」という会社だった。

深くは考えてなかったけど、そこでバイトしながら就職するのもいいかなと思ってたんだ。だけど、行ってみると音響会社じゃなくて楽器店だった。しかも新品を売るんじゃなくて、主に中古楽器のリペアをやっているマニアックなところで。いちおう履歴書を渡したんだけど「募集してないからごめんね〜。何かあったら呼ぶわ」と断られた。

ところが翌日、社長から直に電話がかかってきた。しかも「明日から来られるか」と言われて。何時に行ったらいいかもわからず、授業が終わって午後に出社したら、今度は怒鳴られた。「お前、店は朝の十一時から開いてるんだから、昼過ぎに来るなよ」って。いや、学校があるし、勤務時間も聞いてないし、そもそも社長に面接もしてもらってないし。と内心では思いながらも「すいません」と頭を下げて、それからは授業で出席の返事だけして抜け出して出勤した。

なぜかというと、楽しかったからなんだ。触りたい機材が山ほどあって、僕にとってはもう「機材爆発」が起きたようなもんで。ギターや中古のＭＴＲを分解して修理する技術も教えてもらったし、メカ好き音楽好き小僧にとっては至福の時間だった。

朝から晩までエフェクターを触ったり、店に置いてあったいろんなギター弾いたり。だって、メンテナンスするのが仕事だからね。ちょうど店の近くにライブハウス「久留米ガイルス」が開店して、そこの企画をやることもあったし。

一番よかったのは、音楽に理解のある職場だったこと。ライブの時は必ず休ませてもらえたからね。強烈だったのは、池田さんという先輩。「デッドメンズカーブ」というバンドのボーカルで、めんたいロックの最後の生き残りと呼ばれていた。死人が出るカーブっていうすごいネーミングなんだけど、正統派のめんたいロック。革ジャン、リーゼントでバキバキに決めて活動してた。

その池田さんと店でしゃべりながら、ロックについていろいろ教わった。The Who（ザ・フー）、U2、ジェフ・ベック、そしてビートルズまで。たまに「今日のお前たちの演奏はダサかった」とか「まだまだやね」とか言ってもらいながらね。ほかにも、「伝説のリペアマン」と呼ばれた岡さんという腕のいい店長がいて、実は今もリペアをお願いしてるんだ。

いやほんと、夢のような場所だったね。音楽で食っていくっていう夢がひとつかなったわけだから。タゴモリ先輩みたいに、高専の学祭でPAやれたのもうれしかった。いろんな高校に行ったなあ。福岡の人なら知ってると思うけど、農業やりながらお笑い芸人やってる町田隼人（別名・朝倉幸男）も、その頃バンドやってて知り合ったし。

ほかにもこの仕事で知り合った後輩たちは、今も頑張ってるよ。SUGIZOさん（LUNA SEA、X JAPANのギタリスト・バイオリニスト）のマネージャーになったり、Official髭男dismのレコーディングやってたり。久留米市役所で音楽振興事業に関わってるヤツもいて、うれしいね。

それから高専を卒業して、そのまま社員になって二十四歳ぐらいまで三、四年働かせてもらった。バイトの延長線上だから就職っていう感じもなかったけどね。本当にわがままを聞いてもらったし、勉強もできたしラッキーだった。最初は雇わないって言われたのにいろいろ失敗もしたけど、すごく温かく叱ってくれたし、よくクビにならなかったなと思うよ。

でも実はね、バイトを始めて一年ぐらい過ぎた頃、会社に黙って東京のレコーディングスタジオの入社試験を受けに行ったことがあるんだ。バンドを続けてプロになるか、レコーディングエンジニアを目指すか迷っていた時期で。

二社にこっそり履歴書を送ったら面接してくれることになって、会社が休みの日に上京した。ジーパンとスタジャンでね。だってそれまでスーツなんか着たことなかったし。でも周りを見ると、みんなきっちりしたスーツ姿で。あ、こりゃ落ちたなと思ったんだ。

当然、面接でもそのことを聞かれた。だから、僕はもうＰＡとして働いてて、レコーディングエンジニアなんてそもそもスーツなんて着ないから、働ける格好で来たんですって答えた。そうとしか言いようがなかったからなんだけど、面接官から「君、面白いな。その通りだ。来週から来い」って言われて合格してしまった。

ただね、月給は手取り十万円ぐらいで副業禁止だったんだ。しかも、通勤は原チャリ禁止。夜中まで仕事あるし、居眠り運転されたら困るってことで。それじゃ交通費にも困ることになる。面接官からも「九州から出てくるなら親戚か友達の家でもないと無理だろう。東京に実家があるならいいだろうけど。それでも来るか」って言われてね。

それで、こりゃ無理だと思ったけど、募集の年齢制限は二十五歳までだった。僕はまだ二十二、三歳だったから、時間はあるなと考えたわけ。スーツ着ないで面接受けたら合格することもわかったしね。その時、決心したんだ。二十五歳までにプロのミュージシャンになれなかったら、もう一度挑戦しようと。

振り返ると、メジャーデビューが決まったのがまるで計ったかのように二十五歳の時だったから、人生って本当にわからないもんだと思うよ。

第3章　上京

ベースの鉄平さんが抜けて、定まったボーカルもいないので、僕は轟くんと二人でグランドスラムの新たなメンバーを探し始めた。バンドでプロとしてやっていけるかどうか、二十五歳まであと二年間は頑張ってみようと思ってたからね。

まず目を付けたのは、佐賀にいた「シュガーストリップ」というバンドだった。対バンしたことがあって、いいバンドだなと思っていて。そのベースの雰囲気がなんか鉄平さんに似てて、イケメンで長身だったし、立ってる姿がしっくりくるなと。それで、サポートでもいいし、掛け持ちでもいいから入ってくれないか、と誘ったら「やります」と言ってくれた。

当時は「K」と呼ばれてたけど、これがのちに「Buzz72+」のベースになる北島ノリヒロだった。ノリヒロの本名は敬大で、敬と書くのでKと呼ばれてたんだと思う。佐賀のバンドだったけど、福岡大学の学生だったので福岡に住んでた。

あとはボーカル。これはＡＫＩＲＡの頃から飲み仲間だったバンド「ラスベガス」のボーカル井上マサハル。おっと、ここまでくると今の「Buzz72+」のメンバーじゃん、ということになるんだけど、この頃はあくまでグランドスラムとしての活動だった。

ハルとはどっちが先に言い出したか忘れたけど、路上で一緒に歌ったこともあった。こういうのはバンドあるあるで、うまくいかない時には、ちょっと試しに新しいことをやってみようよ、みたいな感じだった。

最初はゲストボーカルっぽい感じで誘った。ラスベガスもあるだろうし、無理なくやってほしいってことで。二つのバンドでボーカル掛け持ちというのは、今ではそう珍しくはないけど、当時はけっこう斬新だった。

しばらくは並行してやってた。だけど、いつの間にかこっちの方が本格的になってね。グランドスラムの結成が二〇〇〇年で、それから二年間ぐらいはメンバーチェンジを繰り返して、二〇〇二年に四人のメンバーが固まったというわけ。

それで、バンドの名前を新たに付けようという話になった。僕らは福岡市の南にある福岡県春日市の「ビッグヒット」というスタジオでいつも練習していた。ある日、メンバーとかスタジオのスタッフとか、隣のスタジオでリハーサルを終えたバンド仲間とか十人ぐらいでバンド名を話し合ったんだ。

その頃、ハルがアニメ映画の「トイ・ストーリー」にハマってて。そのメインキャラクターで宇宙ヒーローのBuzz Lightyear（バズ・ライトイヤー）っていうのがいるんだと話し始めた。この「Buzz」というのは語呂がいいんじゃないかと。

ハルが言うには、雑音とか騒音とか騒ぎを起こすみたいな意味があるらしい。「なんかカッコよくない？」という意見にみんなが賛同した。今でこそ「バズった」という言葉があるけど、時代を先取りしてたわけで、いい感覚してたよね。

だけどそれだけじゃ何か物足りない。で、「Buzzなんとか」にしようという話になった。そして「なんとか」は数字にしようということを誰かが言い出した。その頃は175R（イナゴライダー）とか、MONGOL800みたいに、数字をつけたバンドがやたらと売れるっていう説があったからね。

いい加減な話だけどね、まったく。「Buzz1」から始めて、いいと思ったら手を挙げて多数決で決めることになった。スタジオにあった白板に1、2、3って書いていく。だけどみんな飽きてくるわけ。それで体重を言えとか、誕生日を言えとかいうことになって。誰

グランドスラム時代のBuzz72+メンバー4人。

かが九月二十六日だと言うと、926。でもしっくりこない。

そして、もう眠くなり始めた頃、轟くんが「72どう？」って言い出して、なぜかほとんどのヤツが「それはカッコいいかも」って言うわけよ。これ実は轟くんの体重だったんだけど、さらに「72キロ強やけどね」と彼が何気なく口にした。

で、白板に「72強」と書いたら、強そうだし何となく絵面がいい。ロゴマークにもしやすそうだと盛り上がって。ただ「強」という漢字はあんまりだということになって、「↑」とか「＋」とかいろいろ案が出たけど、絵面としては「＋」がいいということで決定した。みんなで「おめでとうございます」って言ってね。

そんな適当な決め方だったわけ。でも、バンドやったことのある人とか、バンド名を変えたことのある人はわかると思うけど、不思議と名前を変えた瞬間に人生は一変するんだよ。芸人さんとかもよくあるけど、やっぱり名前ってすごく大事なんだ。

曲もやってる人間も、前のバンドとほぼ一緒なのに、ライブハウスに行くと「おはようバズ」とかみんなに言われて、一気に友達が増えたというか。キャッチーだったんだろうね。それでバズになってからものすごく人気がアップした。

ライブは久留米で毎月やりながら、北部九州は二〜三カ月に一度は回った。佐賀GEILS（ガイルス）とか、ドラムグループの長崎Be-7、熊本B.9。半年に一度は南九州の宮崎ZETTON（ゼットン）、鹿児島SR HALLとかも、ぐるぐる回ってた。

土日は必ずライブで、平日もやってたから年間百五十本ぐらいはやったんじゃないかな。ライブがある週末は会社も休ませてもらったけど、結構きつかった。若かったからできたんだろうね。ライブ以外にも友達と飲みに行ったり、彼女と遊んだりもしなきゃいけないし。とにかくブルドーザーのように動いてた。そういうのを青春っていうのかな。

でも、お客さんを集めるのは真剣だった。これは鉄平さんから教えてもらったり、一緒に考えたりしたことが役に立った。まず、ライブ会場に来てくれたお客さんにアンケートを書いてもらって住所を集める。そして、手書きで「次のライブ来てください」って、何百枚も告知のはがきを出すんだ。

ライブの一週間前の日曜日には、福岡市の繁華街・天神にあるデパート福岡三越のライオン像の前で、前売りチケットを売った。売るといっても、道を歩いてる若者にナンパみたいに声かけてね。今と違ってネットでのチケット販売はそんなに普及してなかったし、その場でチケットを渡すしか方法がなかったから、とにかく突撃した。チラシも自分たちで作ったし、音源のカセットテープを作って通販もした。今考えると原始的だけど、現金書留みたいなのでお金を振り込んでもらってね。とにかく自分たちでやれることは何でもやった。

当時、出演させてもらってた「ドラム」グループのスタッフさんから口酸っぱく言われてたのが、ライブはノルマ的な感覚でやるもんじゃない、ってこと。月に何回やるとかノルマにしてしまったら、お客さんが入らなくてもやるようになる。そうじゃなくて、ミュージシャンはお客さんの前でやるもんだ。友達でもバンド仲間でもいいから、人前でやりなさいと。

だから、チケットを売って、売れなかったら自腹でもいいから人を呼びなさいって教えられた。これは今も若いバンドの連中に言ってる。お客さんがいないんだったら、スタジオで練習してるのと一緒だからね。

演奏するものに価値をつけて、パフォーマンスをちゃんと売り物にすることが大切なんだ。それをお金で買ってもらって、もしくは自分で買って頼み込んででも来てもらうっていう形じゃないと、演奏というものに価値がなくなってしまう。

そういう方針が嫌で離れていくバンドマンも結構いたけど、僕は今もその教えは正しいと思ってる。

だって、趣味じゃなくてプロになるためのライブハウスだったからね。だから結局はプロを目指す連中が残っていって、そこで競争心をかき立てられたし、お客さんを楽しませるのがどれだけ大変かっていうのもわかった。十人、二十人呼べたとしても、ちょっと手を抜くと他のバンドに持っていかれてしまう。そういうのは、時代とか職業が変わっても同じなんじゃないかな。

そんなことを繰り返しながら二年近くが過ぎて、僕は二つ上の先輩だった晃さん、鉄平さんが上京した頃と同じ二十四歳になっていた。二十五歳までにプロデビューしようと目論んでいた僕にとっては、期限切れが近づいていたんだ。

そこで、バンドにギアを入れる方法を考えるようになった。

その頃対バンしていたバンドは、OCTOPUS（オクトパス）、ＬＡＰ（エルエーピー）、BROZER（ブラザー）、Volume.9、大分のパトラッシュやsubmen、久留米のthe whisper（ザ・ウィスパー）、SUGAR HILL（シュガーヒル）、先輩ではMO'SOME TONEBENDER（モーサムトーンベンダー）やSUPER EGG MACHINE（スーパーエッグマシーン）がおった。福岡のトップを目指して、仲良くバチバチしてシノギを削ってたんだ。

東京からツアーで来たバンドとの対バンはとても刺激になった。リハを見ているだけで技術もパフォーマンスもすべてが勉強になり、負けんぞという気持ちにもなった。有名になる前のELLEGARDEN、dustbox（ダストボックス）、ACIDMANなども福岡で一緒になった。フラワーカンパニーズは名曲「深夜高速」ができたばっかりのツアーを九州でご一緒させてもらって本当にカッコよかった。

同世代ではfrozen（フロウズン）、ジェッター3、大阪のHippogriff（ヒポグリフ）や、photograph（フォトグラフ）はメチャクチャ仲良くなった。個人的にはLAST ALLIANCE（ラストアライアンス）のボーカル安斉さんに、上京してからもメチャクチャお世話になった。この頃の仲間が今でも各方面で頑張っていて、久し振りに会うとお互い古い戦友のような気分になる。この頃の思い出は宝物やね。

その頃になると、僕らのライブを見に来る音楽業界の人がちらほらいて、そろそろ攻め時だと感じてたんだ。

ちょうどインターネットが本格的に普及してきた頃だったので、いろいろと検索していて見つけたのが「Musicman」という音楽業界総合情報サイトだった。そこには、レコード会社とかプロダクション、スタジオ、ライブハウスの企業情報が掲載されている音楽専門誌があると書いてあった。

でも、一冊何万円かするし、会員じゃないと買えないんだろうなと思って。それでも探っていると、デモ音源を募集している企業リストみたいなのがあったんだ。見つけた時は感動したね。二百社ぐらい載ってたんだよ。デモテープってこんなに募集してるんだ、なんで今まで知らなかったんだと。

募集のジャンルも女の子ボーカル、作曲家、バンドとかいっぱいあって。それで、二百社すべてに音源を入れたＣＤ－ＲとかＭＤを送りまくった。演歌の事務所からアイドル事務所まで、聞いたことがあるとこもないとこも全部ね。

宛先には「デモテープ募集係　佐藤様」とか「現場担当　北島様」とか適当に名前を書いておいた。たぶん全国から山のようにデモテープが送られてきてるだろうから「デモテープ係」って書いただけじゃ山積みにされそうだと思って。本当に佐藤さんとか北島さんがいたら、開けてくれるかもしれないからね。

その効果があったかどうかわからないけど、けっこう反応がよかったんだ。十件ぐらい「03」から電話がかかってきて。僕の携帯に東京の市外局番からかかってくることなんてなかったから驚いたね。


それで、ちょっと作戦を考えた。デモも一回送るだけじゃ印象に残らないから、三回ぐらい送ろうと。そのために、二曲入りのデモCDを三カ月連続で発売することにした。これなら毎月、「新曲です」と言って三回は送れる。

さらに、ドラムのマスター西本さんに頼んで、東名阪と九州でやる「全国ツアー」を組んでもらった。デモテープを送る時に「ライブに来てください」という情報を入れたらいいんじゃないかと思って。中古のトヨタハイエースを借金して二十万円で買ってね。メンバーみんなで運転を交代しながら回ったよ。

そうしたら、十五社ぐらいから反応があって、ライブには不思議と大きな会社ほど来てくれた。一番ウケたのが、エイベックスの人から電話がかかってきてね。うわーエイベックスかと思って喜び勇んで「何でしょう何でしょう」って出たら、ＭＤに音が入ってなかったという話で。失敗したと思ってたら、こう言われた。

「肝心な音が入って無いなんて普通ありえねーだろ、ちゃんとやってよ。でも、プロフィールを読めば読むほど逆に気になってきちゃったから、すぐ送って」

これ、失敗は成功のもとと言っていいのかな。ま、そういうこともあった。

そんな感じで二百社にデモとライブの案内を送り続けた。二百社もあるからメンバーで手分けして、それぞれ担当したメンバーが自分の電話番号を書いてたわけ。すると、僕らに興味のある業界の人たちからは「ライブ行くのでゲストで入れておいてください」と連絡が来る。

でも、ほとんどの人は「お疲れさん」ぐらいは言うけど、たいてい何も言わずにすーっと帰る。電話では結構いいこと言うくせに、と思って悔しかった。

そんなある日、ハルが担当した会社で「Ｑ＆Ａカンパニー」の石井さんっていう人が来てくれた。この人だけはゲストじゃなくてチケットを買ってくれて「よかったよ」と言って帰っていく。だけど、エイベックスとかソニーとかトイズファクトリーなら知ってたけど、変な名前の事務所で聞いたことないし、何なんだろうと不思議に思ってたんだよ。

何回目かのツアーの最後の頃だった。石井さんがリーダーと話したいということで、僕に電話がかかってきた。そして、いろいろ話しているうちに、会社の名前が間違っていたことがわかって。ハルは「Q&Aカンパニー」だと言ってたけど、そうじゃなくて「キューアンドカンパニー」だった。


ネットで検索してみて驚いた。そこは業界では有名な作曲家と作詞家の事務所だったんだ。石井さんが言うには、作曲家志望者からは山ほどデモが送られてくるけど、バンドが送ってくることはほとんどない。それが珍しいから、社内でも回して聴いていたということだった。

それで、会社に在籍している音楽プロデューサーが「曲がいいし、ボーカルも演奏もうまい」と気に入っているから、一緒に福岡のライブを見に行きたいというわけ。その音楽プロデューサーが、のちに僕の師匠になるCHOKKAKU（チョッカク）さんだった。

あと、これは今となっては笑い話なんだけど、石井さんから「レコード会社の人も連れていきたいけど、好きなレーベルはあるか」と聞かれて、僕は「エイベックスさん以外ならどこでもいいですよ」と答えた。だって当時のエイベックスはダンスのイメージしかなくて、バンドは違うと思ってたんだ。

そしたら石井さんが「ごめん、エイベックスなんだけど」って言うんだよ。まったく余計なことを言うもんじゃないよね。僕は「いやいやもう、ぜひ来てください」と言うのがやっとで。そんなこともあったけど、福岡のライブに来てくれた。その時初めて石井さんから「三人分、ゲストを取ってほしい」と言われてグッときたね。

業界の人にライブを見せることになって、僕は地元でお世話になっていた人たちにも相談した。その一人が、九州の音楽界では「会長」と呼ばれる福嶋伊玖磨さん。自身もバンドマンで、めんたいロックが生まれる前からイベンターとして数多くのライブを企画して、地元バンドを応援し続けてくれている人だ。北九州市から１７５Ｒを世に送り出した人でもある。

会長がみんなから慕われている理由のひとつは、各地のライブハウスを結び付けたことにある。昔、ライブハウス同士は連携が取れてなかった。会長はそのパイプを作ればアマチュアでもツアーに行けるんじゃないかと考えて、主要なライブハウスに声をかけて交流する「鍋会」を開いたそうだ。

その鍋会の会長なんだよ。だから、九州のライブハウスや音楽関係者で知らない人はいないし、全国でもその名前は知れ渡っている。実はあとになってうちのドラムの轟くんが会長と親戚だということがわかって、僕らがツアーに出ると各地のライブハウスで歓迎されるというおまけもあった。

その会長に石井さんたちのことを話すと「お前たちだけやったらだまされるかもしれんけん、俺にも話を通してもらえ」と言ってくれた。九州の親父みたいな感じで、面倒見がいいし優しいんだよね。ドラムのマスター西本さんもそうだった。

東京の人からしたらたまったもんじゃないよね。バンドを見に行くっていうだけで、会長やらライブハウスの社長やらが出てくるんだから。でも、石井さんはちゃんと説明してくれて、会長もマスターも納得してくれたんだ。

そしていよいよライブ当日。福岡市中央区舞鶴にあるドラムグループの「DRUM SON」（ドラム・サン）だったと思う。石井さんとチョッカクさんと、エイベックスの城田さんがやって来た。チョッカクさんはＳＭＡＰ、Ｖ６、KinKi Kids、嵐などジャニーズ勢の作曲や編曲を数多く手掛けている人だったので、どんな人なのかと僕らは興味津々だった。

石井さんとはもう顔見知りだったし、遠目からでもすぐわかるんだよ。実は元ハードロッカーなので、茶髪ロン毛にブーツカットのパンタロン。腰は低いけど、指輪とかチェーンをジャラジャラさせていたから。のちに彼が僕らのマネージャーになるんだけどね。

そして、隣には一八〇ぐらいの長身で、シュッとしていて薄いサングラスをかけた黒髪ロン毛の人がいた。もう一人は恰幅のいい優しそうなおじさんだった。

僕らはてっきり、薄サングラスの黒髪ロン毛がチョッカクさんだと思って「さすがにオーラがあるな」とビビりながら「初めまして」と挨拶した。

でも、それは城田さんで。チョッカクという名前から想像してたソリッドな「直角」感が一番ない人がチョッカクさんだった。人は見かけによらないってことだね。

あとになって聞いた話によると、石井さんは当時、作曲家のマネージャーだったけど、バンドを担当したがっていた。それで僕らに目を付けて事務所の上司に相談して、チョッカクさんを引っ張り出した。城田さんはＶ６の担当で、チョッカクさんと一緒に仕事をしていた縁で誘われたというわけだった。

でも、チョッカクさんは広島でバンドをやっていたことがあるから、会長とかマスターの名前は鳴り響いていて、内心では「博多のバンドをやるのは大変だ」と思っていたそうだ。「デビューさせて売れなかったら袋叩きにされるかも」と本気で心配していたらしい。それだけ会長やマスターの地元愛が強烈だったということなんだけどね。

だからというわけでもないんだろうけど、みんな僕らに一生懸命付き合ってくれた。石井さんはちょくちょく福岡にやって来たし、チョッカクさんは僕らが送ったデモをいじってくれて。ライブもやりながら、エイベックスからOKが出るまで一年近く準備した。

全国ツアーにも出た。だけど、それに伴って自分の生活スタイルも変えなきゃいけなくなった。働いてたカスタムミュージックサービスは週に二日休ませてもらってたけど、ツアーに出るとなるとどうしても休みが足りない。

それに僕は自律神経が弱いらしくて、ストレスが限界を超えると咳が止まらなくなるんだ。やる気はあって、鬱々するわけじゃないんだけど、尋常じゃないくらい咳が出る。病院に行っても治らない。

会社に迷惑はかけられないし、バンドに集中もしたい。それで会社を辞めることにした。

だけど生活費は稼がないといけなかったから、福岡でマンションの管理人のバイトを始めた。二軒掛け持ちで、午前中はこっち、午後はあっちで掃除、みたいな。給料は安かったけど上司もいないし、精神的には楽だった。

それで、天気のいい日にぽかぽかした屋上で昼寝しながら歌詞を書いてたんだ。見上げると澄みきった青空があって、その下にはビルが敷き詰められているように見えて。ああ、自分たちはちっぽけな存在なんだって思ってね。それがバズのデビュー曲になる「屋上の空」だった。

「屋上から見た空　澄みきった青　いつもより深い色してました
屋上から見る街　敷き詰められたビル　いつもより窮屈に見えました
あまりにもちっぽけで　臆病な僕たちは　そんな急いで何処へ行くんだろう
風になった君の音　聞こえた気がしたんだ
足音が響いた　そこに立って君の事　また探してみたんだ
風に残ることば」

この曲には、これまであんまり話したことはないんだけど、もとになった実話があって。この際、話しておきたい。

東京でライブするといつも来てくれる女の子がいて。彼女の友達も僕らのファンなんだけど、病気で入院してるらしい。だから彼女は友達の分までグッズを買って、僕らにサインやメッセージを書いてほしいとか、僕らの写真を撮って渡したいとか、そんな話をしてくれた。ありがたいなと思ってたんだ。

ツアーは半年に一度ぐらいだったから、半年後にまた来てくれるんだけど、友達はまだ入院してた。だから、長い入院だなあと思って。元気を出すように伝えてねって感じで話をしてた。

その次の東京でのライブ。その子からチケット予約が入ってたんだけど、いつもは一枚なのに二枚になってた。僕らはメンバー四人で十二時間かけて東京に向かう車の中で「もしかしたら病気の友達の分じゃない？」「治ったのかな。よかったね」なんて話しながら、会えるかもと思ってワクワクしてたんだ。

それでライブしたんだけど、その子は一人だった。終わったら外で待っててくれたから、声をかけた。すると、泣きじゃくりながら絞り出すような声で言ったんだ。

「亡くなったんです」

彼女の友達がどんな病気かは聞いてなかったけど、もう余命は残り少なかった。だから無理をしてでも最後にライブに来ることにしたそうだ。でも、間に合わなかった。

かける言葉が見つからなかったよ。それまで僕はデビューしたいとか、音楽で食っていきたいとか自分のことしか考えられていなかった。だけど、そんな命を削るような日々を送っている子が応援してくれてるんだということを知った。

思えば、九州のバンド仲間とか先輩たちとかファンのみんなも応援してくれてる。そういう思いを背負ってるんだ、自分たちが夢を見続けられるのは、大勢の人たちのおかげなんだと初めてわかった気がした。

すぐ葬儀だと聞いたので、実家の母ちゃんに電話して、電報とお花を送ってもらった。お会いしたことはないけど、すごく応援していただいてましたという感謝の言葉を伝えたかったから。話を聞いて母ちゃんも電話の向こうで大泣きしてたよ。東京から福岡に帰る車中で、僕らは彼女の冥福を祈った。

そして後日、彼女のお母さんからお礼の手紙をもらった。思い出すと今でも泣けてくる。

この出来事があってから、僕はちょっと人間らしくなった気がする。

そんな思い出深いメジャーデビュー曲「屋上の空」は二〇〇五年八月十日にリリースされた。僕が二十五歳の時だった。それからも順風満帆とはいかなくて、二年後に活動停止することになるんだけど、その話はあとでゆっくりするとして、実はこの曲にはバージョンがあと二つある。

二つ目のバージョンは、十二年後の二〇一七年十二月、B・i・S・Hのアイナ・ジ・エンドがソロ曲としてカバーしてくれた。

この時は、B・i・S・HやB・i・S、GANG PARADE、EMPiREの所属事務所「WACK」(ワック)と、僕が立ち上げた音楽制作プロダクション「SCRAMBLES」(スクランブルズ)の創立三周年でね。どのグループも僕が楽曲を制作してプロデュースしてたけど、レコード会社がバラバラだった。

だけど記念として、エイベックスが全部のグループをシャッフルしてベストアルバム「WACK & SCRAMBLES WORKS」を作ってくれた。そのエイベックスの担当が篠崎さん。彼は浜崎あゆみとか島谷ひとみを担当してたんだけど、バズがデビューする時に担当してくれて、Ｂ・ｉＳＨをデビューさせてくれた人だ。

アルバムでは僕がプロデュースした中川翔子の「フライングヒューマノイド」や、柴咲コウの「ラバソー ～lover soul～」もカバー。ワックの社長で盟友でもある渡辺淳之介と僕がＢ・ｉＳＨの「スパーク」をカバーするという、ちょっとした遊びも施した。淳之介とはひょんなことで知り合って一緒に仕事をすることになったんだけど、その話はまたあとで。

それで、篠崎さんからアルバムにどうしても入れたい曲はあるかと聞かれて、そりゃあ僕と篠崎さんがやるんだったら「屋上の空」でしょう、と。で、誰に歌わせるかという話になって、僕がアイナに決めたんだ。他の曲は何人かで歌ってるけど、アイナだけはソロにした。

そこで、活動停止していたバズのドラム轟タカシとベースの北島ノリヒロを十年ぶりに呼んで、僕と三人で演奏したんだ。二人はその時、福岡に戻ってたから、曲に福岡の空気を入れたいなと思ってね。だから、レコーディングも福岡市の老舗音楽スタジオ「HEACON」（ヒーコン）でやって「Buzz72+feat.アイナ・ジ・エンド」としてリリースした。

「屋上の空」が生まれたストーリーを知ってたのは、バズのメンバーぐらいでね。作詞家としては、リスナーに自由に聴いてほしいから、あんまりその辺は話したくないんだ。だけど、歌い手にはこの曲に対する僕の思いを知っていてほしいと思って、アイナには伝えた。だから、すごくエモい、気持ちの入った歌になったと思う。

あ、ここでちょっと言っておきたいんだけど、日本の音楽で「エモい」と言われ始めたのは、B・iSとかB・iSHのようなガールズグループが登場してからだという説があるらしい。ロックが主体になってはいるんだけど、感情を揺さぶるエモーショナルなメロディーと抒情的な歌詞、言い換えると歌謡曲のように日本人の琴線に触れる音楽。それが僕の目指すエモいJ－POPなんだ。

話を戻すと、三つ目のバージョンはバズが十三年ぶりに活動を再開して、二〇二〇年四月八日にリリースしたミニアルバム「13」に入れたもの。新たに井上マサハルのボーカルで録音したんだけど、やっぱりいいな。僕はハルが最高のボーカリストだと思ってるから。

正直、バズは東京に行って全然売れなかった。そんな売れない博多のバンドマンのしがない曲だけど、アイナも歌ってくれたし、三回もリリースしたわけだから、やっぱり「屋上の空」には秘めた力があるんじゃないかと思う。

これは、映画「凶悪」や「孤狼の血」で知られる白石和彌監督に聞いた話だけど、彼がまだ助監督時代、映画の仕事を続けるかどうか悩んでいた時にこの曲を聴いて、頑張ろうと思ってくれたそうだ。

それから十数年後、僕は白石監督から「仮面ライダーBLACK SUN」（二〇二二年、Amazonプライムビデオ配信）の音楽監督に指名された。それも「屋上の空」がずっと忘れられなかったからだと監督は話してくれた。不思議な縁を結んでくれたこの曲、そして今は空の上にいる彼女に、改めてお礼を言いたい。

SPECIAL INTERVIEW

映画監督

白石和彌

松隈ケンタ氏が初めて劇中音楽を手掛けた「仮面ライダーBLACK SUN」。彼を起用したのは、映画監督の白石和彌さんだった。「凶悪」「死刑にいたる病」などの作品で人の心の奥底を描き続ける白石さん。松隈氏の作る楽曲がつないだ、2人の不思議な縁について話してもらった。（聞き手：藤堂ラモン）

「屋上の空」がつないだ不思議な縁
一緒に仕事をして「多幸感」をくれる人

――Buzz72+のデビュー曲「屋上の空」が二人の縁の始まりだったとか。

あれは二十代後半の頃でした。僕は北海道から上京して若松孝二監督のプロダクションで助監督をしていたんですが、なかなか芽が出なかった。そんな時、IMJエンタテインメント(現在のC&Iエンタテインメント)という映画会社の社長から「企画開発の手伝いをしないか」と呼ばれたんです。映画「NANA」が大ヒットしたばかりの会社で、勢いがありました。それで助監督の仕事を休止して、毎日、IMJに出社して映画の原作や脚本を読んで会議に出てました。そのIMJのプロデューサーがエイベックスの人たちと仲が良くて。曲にまつわる映画を作るような企画会議を週一でやっていて、僕も顔を出してたんです。そんなことを二、三年やってました。それで時々エイベックスさんから「最近うちから出したCDです」と言ってサンプルを渡されていて。その中に「屋上の空」があったんです。それがすごく心に響いたんですよ。メロディーも歌詞もいいし。失恋ソングのようにも聞こえるけど「大事な人を無くして、残された僕たちはどうなるのか」みたいなメッセージを僕は受け取ったんです。実はその頃、会社で隣の席にいてよくしてくれてた人がふらっといなくなって。鬱状態だったらしくて、自死しちゃったんです。あまりに近くにいた人がいなくなってショックが残っていた頃でした。それに僕自身、目指していた映画監督になれるかどうかわからなくて、うだうだしていた時期だったから。何人か一緒にやろうと言ってくれる人はいたけど、自分に才能があるかないかもわからないし、すごく焦ってた。人生の岐路に立ってたんです。そんな思いもあったからかな、あの曲が忘れられなかった。

――あの歌詞は、バズのファンの子が亡くなった実話がもとになってるそうです。

そうなんですね。実体験があるから身につまされる歌詞ができたんでしょうね。でも当時はバンドの名前は覚えていたんですけど、松隈さんが作った曲という認識はなくて。

――BiSとかBiSHはご存じでしたか？

BiSはあまり聴いてなかったんですけど、BiSHは大好きだったんです。それで音楽プロデューサーとして松隈さんの名前が出てきたんで、調べてみてびっくりしたんです。そうか、あのバズの曲を書いた人だったのか、と。僕の中では、どこか腑に落ちたところがあって。「屋上の空」もBiSHの曲も目線が上からじゃない。屋上にいるはずなのに、下から見上げている感じなんですよ。僕はもがき苦しんでいる人たちを描きたいと思ってやってきて、映画一本作るのに三年かかることもある。魂を込めるのは生半可なことじゃないんです。だから松隈さんの曲は、どの歌詞も視座が共感できるんだと思います。

──実際に二人が対面したのはいつですか？

二〇一九年に「Pen」という雑誌のクリエイター・アワードをいただいたんですが、その受賞記念企画でトークショーをやることになって。「対談したい人はいますか」と聞かれたので、松隈さんにお願いしたんです。彼はきょとんとしたと思いますけど（笑）。実は僕、松隈さんは映画のサントラも作れる人だろうと思っていて。どこかのタイミングでお願いしたくて、トークショーは最初からそのきっかけにするつもりだったんです。それで、翌年の一月に東京で開催されたトークショーでお会いしました。その時に松隈さんが「ハンス・ジマー（注1）のような曲を書けと言われたら書けますよ」とサラッと話してたので、脈はあるなと思いました。とは言え「仮面ライダーBLACK SUN」はヒーローものだし、初めてお願いするには癖がありすぎるなあと思ってたんです。ところが、制作発表したその日か翌日かに、松隈さんからLINEが来て。「仮面ライダーBLACK（注2）はどストライク世代なんで、楽しみにしてます」って書いてあって。それまでよくやり取りしてたわけじゃなかったのに、反応が早くて。それならやってくれるかもしれないと思って、お願いしたんです。

——サントラを聴いてみて、どうでしたか？

それがもう、デモ音源の段階からすごく完成度が高くて。今のサントラはハンス・ジマーのように低音ベースの楽曲が多いけど、その要素もありながら泥臭いメロディーも乗せられていて、バランス感覚が素晴らしかった。とくにメインテーマはすごく耳に入りやすい。僕が「ぐるぐる回るような曲、延々と続くような曲がいい」と話したのを生かしてくれたんだと思うけど、頭の中でリフレインしちゃいます。ヒーローものにマッチした〝芯を食う曲〟だし、作品を方向づける曲を作ってくれたと思います。松隈さんも録音スタジオの人か誰かに「最近はメロディーがあるかないかわからないサントラが多いけど、これだけはっきりしているのはいいですと言われた」って喜んでましたね。しかも、メインテーマのデモは三パターンあったんですけど、どれも捨てがたくて結局、全部使わせてもらいました。

——作曲現場のスタジオに見学に行かれたそ

うですね。

今回は劇場用と同じ5.1チャンネル(注3)にしたんです。配信作品なので通常の2チャンネルでもよかったんですが、仮面ライダーの生誕五十周年を記念した作品なので、百周年の時にも絶対見られるから、いい音響にしたいと思ったので。でも、松隈さんにとっては初挑戦ということで、研究する時間が欲しいということでした。それで5.1チャンのスタジオに入る日、夕方ぐらいに行ったんです。松隈さんは朝から入ってたんだけど、まだ一曲もできてなくて(笑)。ジョン・ウィリアムズ(注4)作曲の「スター・ウォーズ」のDVDを流しながら、どこからどの音が出ているか5.1チャンを研究していたらしいです。それで「だいぶわかってきたから大丈夫です」と言ってました。とにかく才能があるのはもちろん、行動力があって頭の回転が速い。僕は音楽についてそんなにわからないけど、仕事の進め方が気持ちいいんですよ。気風のよさというか。まさに竹を割ったような性格だしね。オーケストラを呼んで録音する時にも「僕はロックンローラーだから五線譜は読めないし、こんなの勢いっすよ」とか言いながら、弦楽器の人たちにもちゃんと芯を食うことを言うわけです。ほんとに一緒に仕事していて感動があるというか、多幸感があるんです。

「BLACK SUN」は連続ドラマだったので、六十曲以上あったんです。普通はこっちで編集しときますっていう感じなんですけど、僕のわがままで松隈さんにアレンジもお願いして。それもすべてやってくれました。作品にかける情熱がすごくて、作品を作る上で一緒に戦っていける人だなと思いましたね。

——福岡で中洲にも飲みに行かれたそうですね。

以前、映画のキャンペーンで福岡に行った時に、居酒屋に松隈さんのサイン色紙が置いてあったんです。その写真を送ったら、彼はちょうど東京にいて入れ違いで。それで、また遊びに来てくださいということになって、今年の一月に行きました。若い頃の話とか、他愛のない話をしながら朝まで付き合ってくれましたよ。でも僕には飲む以外にも目的があって。次の映画のオファーをしに行ったんです。サントラの才能があるし、ぜひまた一緒にやりたいと思って。これは企画が進んでいるので、お楽しみに。今度は福岡のオーケストラに演奏を頼もうという話をしているんです。「BLACK SUN」では、松隈さんが知人を通じて調整してくれたんですけど、スケジュールが合わなくて実現しなかったんです。東京でやるのは簡単だけど、地方のオケに頼むことはあまりないし、松隈さんの環境ならできる。絶対おもしろいし、地方のオケでそういう仕事はなかなかないから、楽しんでやってくれるんじゃないかと思うんです。福岡で音楽文化を広めたいという松隈さんの思いにも通じるし。僕は北海道出身で、九州の松隈さんとは南と北だけど、地元に帰って活動されている感じはすごくいい。なぜかって聞いたら「子どもに東京のラーメンを食わせて育てたくない」って言うんですよ。パンチが効いてますよね。松隈さんは、これから劇伴界でも売れっ子になるクリエイターです。僕も来年、五十歳なので少しペースを落として、一本のクオリティーを上げたいと思っていて、そんな時に松隈さんに出会えたのはすごく大きいです。「BLACK SUN」の第一話と第二話は東京国際映画祭で上映しましたが、映画館でも音のクオリティーは遜色なかった。次の作品は映画なので、松隈さんの音楽が劇場の環境で聴けるのが、僕も楽しみです。

注1……「ライオン・キング」と「DUNE／デューン 砂の惑星」でアカデミー作曲賞を受賞した映画音楽作曲家。

注2……「仮面ライダーBLACK SUN」は、一九八七〜八八年に放送された「仮面ライダーBLACK」のリブート作品。

注3……5.1chサラウンド。映画館で臨場感のある音響効果を得るために開発されたもので、前後左右にそれぞれ異なる音声を発する六つのスピーカーを配置する。

注4……米国の作曲家、編曲家、指揮者、ピアニスト。グラミー賞二十五回、アカデミー賞五回受賞の巨匠。ジョージ・ルーカス、スティーヴン・スピルバーグ監督作品を中心に多くの映画音楽を作曲。

白石和彌（しらいし・かずや）
1974年、北海道旭川市生まれ。札幌市の映像技術系専門学校を卒業後、上京し、若松孝二監督に師事する。2009年、「ロストパラダイス・イン・トーキョー」で長編デビュー。2013年、映画「凶悪」で数々の映画賞を受賞して脚光を浴びた。2017、18年度には2年連続でブルーリボン賞監督賞を受賞している。

第4章　挫折

さあ、いよいよメジャーデビューすることになるんだけど、ここで個人的な話をしてもいいかな。まあ、全部が個人的なんやけどね。

それは妻との出会いについて。バンドマンはだいたい生活が不規則だし、売れるか売れないかもわからない状況が続くから、一緒になってくれる女性はほんとに奇特な存在だと思う。こんな僕をずっと支えてくれている妻への感謝を込めて、話しておきたいんだ。

それはデビューする二年ぐらい前だった。バズはまだアマチュアだったから、自分たちでアーティスト写真を用意してた。それを撮ってくれていたのが、写真の専門学校に通うアッキーという女性だった。

アッキーは、よく知り合いを誘ってライブにも来てくれていた。ある日、バイト先の後輩だと言って連れてきたのが、今の妻だったんだ。彼女は大分県別府市の出身で、福岡にある福祉系の専門学校に通っていた。

妻と出会ったばかりの頃。ふたりとも若い。

バイト先は、博多港にある「ベイサイドプレイス博多」という観光施設のアイスクリーム店。バイトを始めてすぐ、先輩のアッキーから誘われたらしく、たぶん断れなくてついてきたんだろう。

それで、彼女が僕に一目ぼれしたってわけ。いや、ほんと。だって「この人がタイプ」だって言ってたらしいからね。僕はね、最初はファンの子だと思って見てたから、恋愛の対象という感じじゃなかった。アイドルみたいに恋愛禁止じゃないけど、ファンの子とそういう関係になるのはあんまり好ましくない結果になる場合が多いからね。だけど、ライブの打ち上げとかで一緒になっているうちに仲良くなって。すごくドラマチックな話があるわけじゃないけど、とにかく気が合うというか、一緒にいて自然な感じだったんだ。

それに、ここが大事なところなんだけど、音楽活動に理解があった。だいたいバンドマンが女の子と付き合うと「ツアーばっかりで会えない」とか、「打ち上げで帰りが遅い」とか言われて束縛される。「そろそろ就職しなさい」って言われることもあるし。

彼女にはそういうところが一切なかった。今もそうだけど、とにかく僕の活動を応援してくれる。だから一緒にいられるんだと思う。

だけど、付き合い始めて一年後ぐらいだったと思う。彼女は専門学校を卒業して、大分に帰って就職した。それで福岡―大分の中距離恋愛になって、その一年後、今度は僕が上京して東京―大分の遠距離恋愛になった。最初の近距離から中距離、遠距離と三つのパターンを経験したわけだ。


実は上京する時、彼女は仕事を辞めてついてくると言ってくれたんだけど、僕は「来ない方がいい」と言ったんだ。まだちゃんと生活できるかどうか自信がなかったし、僕はツアーで留守にすることが多いだろうしね。それで遠距離が続いたんだ。

でもね、上京して二年後、レコード会社との契約が切れて路頭に迷っていた時、僕は何を血迷ったのか、彼女に「東京に来ないか」って誘ったんだよ。寂しかったのかもしれない。そしたら「今さら何言ってんのよ」ってキレられた。まあ、当然だよね。生活のあてはないんだから。

彼女が上京してきたのは、それからさらに二年が過ぎ、僕が作曲家として自立でき始めた頃だった。そして付き合い始めて十五年目に結婚した。

こうして振り返ってみると、やっぱり僕が上京した時に彼女を呼ばなくてよかったと思う。だってバンドがうまくいかなくなった時期だから、飲み歩いてメンバーと喧嘩したり、悪口を言ったりして彼女に迷惑をかけたに違いない。

それより、遠く離れた九州で応援してくれてる人がいると思うだけで元気が出たし、どん底に落ちても這い上がろうという気力が湧いてきた。二人の関係で考えても、近距離、中距離、遠距離を経験してお互いに我慢することを覚えたから、長続きしているような気もする。

妻の話はこのくらいにしておいて、バズの話に戻そう。僕らは二〇〇五年八月十日に「屋上の空」でメジャーデビューした。デビューする場合、まずアーティストは事務所に所属する。そのうえでレコード会社と契約するんだ。給料は事務所からもらうし、マネージャーがスケジュール管理なんかをやってくれる。だからアーティストの居場所というか、家のようなもんだね。

レコード会社とは、だいたい二年間ぐらいの独占契約。担当のディレクターがいて、レコーディングしたり、ＣＤを売るためのキャンペーンを仕掛けたりする。

それで僕らの所属事務所は前にも書いたけど、キューアンドカンパニー。レコード会社はエイベックスだった。当時の事務所のボスは、音楽プロデューサーの鎌田俊哉さん。ＳＭＡＰ、嵐、KAT-TUN、少年隊といったジャニーズ勢からＣｈａｒ、Kiroro、ＭＩＳＩＡまで幅広くプロデュースしてた。

ほかにも僕の師匠になったチョッカクさん、ＳＭＡＰの「らいおんハート」を作曲・編曲したコモリタミノルさん、カシオペアのドラマーだった神保彰さんたちクリエイターやバックミュージシャンを中心に三十人ぐらいが所属していた。みんな元バンドマンでね。忘年会とかに呼ばれて「お前らが九州から出てきた奴らか」「俺たちもバンドで売れなかった。厳しい世界だけど頑張れ」と励ましてくれた。

チョッカクさんはギタリストで、自分のバンドではリーダーだけどボーカルは別にいるという、僕と同じ境遇だった。だからなのか、厳しかったね。とにかく曲の数をめちゃくちゃ作らされた。それまではバンドで十曲入りのアルバムを作るんだったら、用意するのはせいぜい十二、三曲だったけど、その二、三倍作るのは当たり前だって言われてね。

あとから聞くと、バンドでうまくいかなくても、作曲家とか音楽プロデューサーとしてやっていけるようにっていうことを意識して教えてくれてたそうで、今となっては感謝している。

チョッカクさんに初めて曲を送った時の衝撃は今も覚えてる。今もそうだけど、曲を作る時はボーカルや楽器ごとにトラックを別にして録音する。このトラックごとのオーディオファイルを「パラデータ」っていうんだけど、パソコンでこのパラデータごとに送るんだ。チョッカクさんはSMAPの「夜空ノムコウ」とかを編曲されてたから、きっとすごいストリングスとかピアノが入るんだろうって期待してたんだ。そしたら、戻ってきたのはなんと、全てのパートを半分にされただけだった。イントロ半分、Aメロ半分、サビも半分、エンディングも半分。「おめえたちの曲は長い。詰め込みすぎだ」って言われて。いらないものをただ省かれたっていう状態で戻ってきて、これがプロかって感動したね。

ただ逆にわかったのは、それまでやっていたことは多すぎたぐらいだということだった。プロとして付け足さなきゃいけない部分がいっぱいあるのかと思ってたのが、実は割とイケてたわけだよね。そう考えると、自信に繋がった。

今はどんどん曲が短くなってきてる。その頃は曲が始まってから三十秒以内にAメロに入れって言われたけど、今はイントロがほぼゼロでAメロに入るからね。どっちがいいかって言われると、昔の人からすれば三十秒以内も短いと思うけど、ゼロはどうかと思う。ゼロの曲もあっていいけど、やっぱり三十秒ぐらいがちょうどいいんじゃないかな。

あとチョッカクさんからよく言われたのは、デビューしたからといって調子に乗るなということ。デビューなんか誰でもできる、デビューして〝売れること〟が難しいっていうのはすごく言われた。

当時で年間に二百組ぐらいデビューして、それで一年後に日本レコード大賞の新人賞取ったとしても知らないよとか言われるわけ。新人が名前知られるのなんて一つか二つなわけだから、残りの百九十八組は消える。お前たちもそのぐらいわかっとけって言われて。

さらに音楽人として考えた時に、もちろん売れた方がいいけど、売れることより長く続けることの方がもっと難しいと。それは今になって本当によくわかる。当時、チョッカクさんは今の僕ぐらいの年齢だったけど、今も現役だし、もっと年上の人たちもプロとしてやってる。だからまだまだ自分は道の途中だって思うよ。

その頃、プロの厳しさを思い知らされた出来事があった。バズのサウンドプロデューサーはチョッカクさんで、トータルな音楽プロデューサーは鎌田さんだった。

ある時、鎌田さんが僕の曲を気に入ってくれたんだけど、僕はバズの曲として使うのは気乗りがしなかった。すると、鎌田さんがジャニーズからデビューする某グループにプレゼンしたいと言い出した。僕はもちろん、OKに決まってる。だって、ジャニーズはCDの売り上げ百万枚を連発していた時代だから、決まったらすごいよね。

そしたらなんと、何百もあった候補曲から最後の二、三曲に残ったらしい。「ケンタ、決まるかもしんねえぞ」と言われて、僕はマネージャーに印税がどのくらい入ってくるのか聞いて、夢の印税生活への妄想を膨らませてたんだ。

ところが、締め切り間際に超有名ロックバンドのギタリストが曲を出してきて、一瞬にしてそれに決まった。これがメジャーの世界なのかと打ちのめされたね。それに、最後に大物が出てくるのには腹が立った。

サッカーのワールドカップで日本が世界の壁を感じたように、僕はJ‐POPの壁を感じたよ。でも事務所の先輩の作家とかマネージャーからは「よくあることだからくじけるな」ってあっさり言われてね。こりゃあ恐ろしい世界に入ってしまったなとも思った。

ただこれもね、逆に言うと紙一重なんだなと。もしかしたら決まってたかもしれない。ってことは、僕の作る曲自体は駄目じゃない。アマチュアだったら誰でも、自分の曲にテレビでタイアップつけてくれたら売れるのにとか、あの人が歌ったら売れるのにとか、こいつの曲より絶対に自分の曲がいいとかって思ってるんだけど、それが実証されたと言ってもいい体験だったんだ。

曲が駄目だから落ちたんじゃなくて、まだ僕が無名すぎて使われないだけだから。曲が決勝戦まで残るってことは、今の実力で戦えるわけだ。試合には負けたけど、勝機が見えたというか自信になった出来事だった。まあ、ベスト16まで勝ち上がってＰＫ戦で負けたみたいな。負けは負けだけど、同じ土俵には上がれたという感じかな。

だから、バンドマンにはありがちなんだけど、自分の音楽が通用しないと思い込んで悩むことはなかった。ただ、そんなコンペに曲を出すのは、バズのメンバーとしてはいい気はしなかっただろうね。そんなことするならうちのバンドの曲書けよって思うだろうし。その頃、ボーカルのハルもほかのアーティスト向けに詞を書けって言われてたけど、僕はそれより先に「うちの詞を書けよ」って思ったしね。振り返るとメジャーに行った瞬間から、バンドの歯車はうまくかみ合わなくなってたのかもしれない。

そうそう、それで肝心のバンドの活動としては、ライブやプロモーションが中心だった。デビューしたとは言っても、まだ新人でお金はないから車で全国を回った。デビュー前に買ったハイエースでね。バンドは機材があるから、どうしても車になる。新幹線なんて乗ったことないよ。

事務所やレコード会社には出身地の九州からブレークさせたいという狙いがあったから、九州まで車で行ったよ。せっかく上京したのにね。カーナビもないから、地図を見てああだこうだ言いながら、東京から福岡まで十二時間。レコード会社の人たちも一緒に詰め込まれてたんだけど、よく頑張ってくれたよね。今の僕だったら絶対ついていきたくない。

でも僕らの車は画期的だった。後ろにプレステを積んで、パソコンのモニターを設置して。今でこそ普通だけど、DVDも見れたし、桃鉄（桃太郎電鉄シリーズ）しながら行ってたなあ。むちゃくちゃ酔うのですぐ誰もやらなくなったけどね。畳みたいな板を積んでフルフラットシートにして、後ろは横になれるようにしてたしね。

いやあ、本当に夢を乗せて走ってた。全国津々浦々。メンバー四人とも運転できたのがラッキーだったね。一人しか運転できなくて、それだけの理由でメンバーチェンジしたバンドもいたくらいだから。

デビューした二〇〇五年の夏には、エイベックスが開催している「a-nation」というフェスにも出させてもらった。出演者は浜崎あゆみとか倖田來未とかＴＲＦとか、そうそうたるメンバーで、九州会場は大分ビッグアイ（今のレゾナックドーム大分）だった。

僕らはオープニングアクトで出してもらった。だけど、そこでよせばいいのに何か歴史に残ることをやって目立とうっていうことになって。ステージ前に花道があってね。ボーカルのハルがそこまで走っていったら面白いんじゃないかと。

どでかいステージで、観客は数千人。まだ入場時間に演奏する感じだったんだけど、ハルがＭＣで「俺たちが九州の最終兵器だ」って叫んだんだ。その時の光景を僕は忘れないね。あれは彼が人生で一番輝いた瞬間だった。

そして、ステージから花道に向かってブワーッと走って行って。シュートを決めたサッカー選手がやるみたいに、膝から滑り込んで「俺たちがバズセブンツーだ！　よろしく」って叫んだんだよ。あれは後ろから見ててカッコよかったね。

でもさ、お客さんにしてみればリアクションしようがないよね。見たこともないバンドなんだし。当然、スタジアムは水を打ったかのようにシーンとなった。

ところが、スタンドの後ろの方で女子高生っぽい二人組が立ち上がったんだ。数千人の中で二人だけだよ。で、そのことに気づいたんだろうね。「あれ？　私達だけ？」って顔を見合わせてるのが見えた。彼女たちには本当に謝りたい、そしてお礼を言いたい。

バカだったなと思うけど、メンバー同士では「やったな、これは爪痕を残したぞ」「ハル、お前は天才だ」って盛り上がって。ステージから降りたら、袖から舞台監督みたいな人がバーッて走ってきた。褒められるのかと思ったら、めちゃめちゃ怒られた。

「てめえら何やってんだよ、この野郎！　三十秒オーバーしてんだよ。あゆまで詰まってるんだ。プロは秒単位で動いてるんだぞ」

そんなこと知らんかった。盛り上がればいいかなと思ってさ。アマチュアの世界だったらそれがカッコいいんだけど、プロの世界だとただのアホな奴ら。周囲のスタッフたちは怒るというより「やるならもっと盛り上げろ」って感じだったけど、レコード会社のディレクターや事務所のマネージャーはたぶん怒られただろうね。そこは感謝してる。

それがデビューした二〇〇五年で、冬ぐらいまではツアーやライブをやった。セカンドシングルは「太陽讃歌」という熱い歌だった。

「太陽が世界を照らしていくんだずっと
　恐れる事など何も無い
　　歩き続けて行く」

ちょうど二〇〇六年がトリノ冬季オリンピックの年だったから、CDの帯には「冬でも熱い　トリノオリンピック非公式テーマソング」って入れてね。よく怒られなかったと思うよ、ほんと。

MV（ミュージックビデオ）も作ってもらった。キャストは僕らと、人気テレビドラマ「ごくせん」に出演してた脇知弘さん。ドラマを見てた人はわかると思うけど、金髪で太った脇さんは個性的でいい役どころだったんだ。その彼が走り回って、僕らは岸壁で演奏してるという、ちょっと不思議な絵面だったけど、芸能人との初共演だったから僕らは超楽しかったね。これが芸能界だって感じで。

そして三枚目のシングルが「光の射す方へ」。これが実はジャニーズの某グループにプレゼンして落ちた、例の曲だった。選考には落ちたけど、評価されたのは事実だし、メンバーも気に入ってくれてたからね。今ではライブの定番曲になってるから聴いてほしい。

で、普通ならシングル三枚出したら、次はアルバムかなとなるわけだけど、結局僕らは二〇〇七年まで二年間やってシングル三枚とミニアルバム一枚で契約が終了した。もともと、一年でシングル三枚、アルバム一枚で二ターンやろうという計画だったらしいけどね。なぜうまくいかなかったのか。今は僕もバンドたちを見る裏方の立場になったからわかるんだけど、プロデューサーなのか、バンドなのか、マネージャーなのかディレクターなのかわからないけど、誰かしらがブルドーザーのように突き進んでいかないといけなかったんだろうね。そうじゃないとお互いが「お見合い」というか、バズり待ちになっちゃうところがあって。

勢いがついた瞬間にはいろいろやろうとしたけど、決め手に欠けたということもあるだろう。それできっかけがないとみんな焦り出して、そうするとギクシャクしてくるわけだ。事務所とレコード会社のどっちがどれだけ押していくのかとか、バンドはもっと練習しろよとか、曲が足りないとかね。

バンド内がギクシャクしてたから周りもそうなったのか。まあ、全部が原因なんだろうね。一番悪いのは僕だと思うんだけど。今思えば、とくに僕とハルの関係がどんどん悪くなっていって、そうすると事務所もレコード会社もボーカルを守り出すんだ。

ある時期から、ハルは喉の調子が悪いって言い出して。事務所はハチミツやら飴やら吸入器を買ってケアしてくれたり優しくするわけだけど、ほかのメンバーからすると特別扱いに見えるし、不満がたまっていった。だって、僕がギター弾いてて指が痛くてもケアしてくれないしね。

これは再結成したあとに話したんだけど、声が出ないことに対してハルはみんなから責められてると思ってたそうだ。プレッシャーに押しつぶされそうだったんだろう。逆にメンバーはちょっと声が枯れてるぐらいがカッコいいと思ってたんだけどね。

歌えてなくても、それはそれでうちのバンドだし。僕のギターが間違えるのも、ドラムがずれるのもうちのバンドだから。それを言い出したらうちのアイデンティティーがなくなると思ったし。ただ、ハルはメジャーならもう少しきれいに歌うもんだという感覚があったんじゃないかな。

アマチュア時代には自分たちで全部やるしかなかったから、よく話し合ってたけど、メジャーに行くといろんな人が間に入ってくる。お笑いコンビが互いにしゃべれなくなって距離が遠くなってしまうようなこと、あるよね。あれと同じ現象だった。

最後はもう、直接しゃべると喧嘩になるっていうか。僕はイライラするし、ハルはおどおどするし。ベースのノリとドラマーの轟くんに間に入ってもらっても、ノリがキレて帰ってきたこともあった。ノリとハルは一緒に住んでたんで、生活の怒りもぶつかり合って。

そんなのを見てると、事務所やレコード会社だって優先順位が下がるよね。ほかにもたくさんアーティストを抱えてるんだから。

それで、いよいよハルが「声が出ない」と言い出したので、キャンペーンも僕とノリで回るみたいな状態になって。ラジオでも「ボーカルさんは？」と聞かれるんだけど、理由も「忙しくて」ぐらいしか言えなかった。

本当に声が出ないんだったら休めばいいし、でも出るんじゃないかと思ってたし。精神的にリラックスできたら出るんじゃないか、とか。でもそれを言ってあげられるパワーもなかった。だから強く言うしかなくてね。最後には「根性で乗り切れ」とか、「ハチミツなんかなめてるから出ないんだ」みたいなことまで言ってしまった。彼にとってはきつかっただろうねって今は思う。

それで二年間という貴重な時間が終わってしまったんだ。


振り返ると、二年間の後半は最低だった。給料は十万円。メジャーデビューしたって、最初はそんなもんだよ。むしろいい方かもしれないけど、それじゃ食えないよね。だから僕以外のメンバーはバイトしてたと思う。僕もおでん屋にバイト行ったんだけど、みんな東京弁だし、なんか馴染めなくて。メジャーデビューしてるのに何でバイトしてるのか、と思うと嫌になって二、三日でやめてしまった。

じゃあどうやって食ってたかと言うと、久留米の楽器店でサラリーマンやって貯めた金。それと、当時、実家に入れてた金を両親が取っておいてくれて「お前に返す」と言って、毎月、同じ額を送ってくれた。これはありがたかった。

そしてもうひとつ、とっておきの金があったんだ。それは長崎のおばあちゃんから貸してもらった二百万円だった。父方の祖母で祝子《のりこ》っていうんだけど、祖父の後妻で僕とは血はつながっていない。戦時中は郵便局で働いてて、原爆で被爆したと聞いてた。

二百万円は、デビューする時に貸してくれたんだ。老人ホームに入ってたけど、部屋には僕らの新聞記事の切り抜きなんかが飾ってあって。ＣＤ買って、ホームの職員さんたちに配ってくれてた。

長崎でライブする時にはよく顔を出してたんだけど、デビューが決まってすごく喜んでくれてね。上京するのに金が足りないという話をしたら、タンスからポンって出してくれた。必ず返すからね、って言うと「人に貸す時は、やったもんと思って貸すと」って。感動で涙が出たよ。亡くなる前にちゃんと返したかったなあ。


だから僕はそんな大切な金を食いつぶしながら生きてたんだけど、デビューしてよかったのは、スタジオ代とか移動代は事務所が出してくれることだった。週二回ぐらいはスタジオを取ってくれるわけ。東京は至る所にスタジオがあるから、僕の家から電車で一駅ぐらいの近いところにあった。

だけど午後一時から練習開始だっていうのに、僕もハルも三時とか四時にならないと現場に行かなくて。マネージャーとノリと轟くんが三人で練習してるって感じで。もう、完全になめてたね。それで練習が終わると飲みに行くわけ。飲まない日はなかった。本当に最低だったし、チャンスを逃してもしょうがないよね。

ただ、毎日飲んでたおかげで知り合ったバンド仲間もいた。ｃｕｎｅ（キューン）のリーダー生熊耕治さんとかね。hitomiが歌って大ヒットした「SAMURAI DRIVE」はｃｕｎｅの曲なんだ。あとは横浜のhuman lost（ヒューマンロスト）とか。グダグダ飲むというより、音楽について話すことが多くて、無駄じゃなかったとは思うよ。

それで契約期間の二年が終わることになったんだけど、エイベックスからは続けたいという話もあった。ただ、条件が半分になるよと。予算とか契約期間も一年になって、事務所としても給料はさらに半分だと。いやあ、今までで売れなかったのに、半分になったら売れる気はしないよね。

と言って、諦めきれない僕は、もう一度アマチュア時代を思い返した方がいいんじゃないかと思ったんだ。メジャーでいろんな人が関わってくれたのはよかったんだけど、それで人間関係がぐちゃぐちゃになった。だから、初心に戻って自分たちでやり直そうと。

その頃作った「フライングヒューマノイド」という曲があって。後にしょこたん（中川翔子）が歌うことになるんだけど、僕としては会心の一撃だと思ってたんだ。それをハルに聴かせて、もう一度、レコード会社を探しながらやり直そうと誘ったら、その気になってくれたんだ。

でもね、それから一、二カ月するとまたギクシャクしてしまって。ハルが「もうやめたい」と言い出した。それで結局、二〇〇七年の年末、北九州のスペースワールドと、福岡のドラムBe-1でのカウントダウンライブをはしごして、二〇〇八年元日の午前四時ごろ、バズのラストライブが終わった。


そこでもうバンドは散り散りになって。一応、活動停止という言葉は使ったけど、ほぼ解散と同じだった。ポジティブな僕も、さすがに燃え尽きて。人生を懸けてやっていたものが一瞬でなくなったんだからね。プロ野球選手が引退して、次の日から何しようみたいな感じだった。

曲も作らなくていいし、誰からも求められない。次のライブが決まってないっていうのが高校時代以来だったたし。明日から何をやればいいのか本当にわからんかった。それで一、二カ月した頃、親父から連絡が来て。親父は中国の瀋陽というところで働いていて、バンドをやめたっていうのも聞いたのかな、遊びに来ればみたいな感じで言ってくれたんだ。「金出してやるけん、来い」って言われて、ふらっと一週間ぐらい行ったんだ。北京オリンピックが開かれる年だった。万里の長城に行って世界の広さを感じながら、久しぶりに親父と話をした。バンドがうまくいかないっていう話をすると「そんなヤツもおるわ」みたいなことを言ってくれて。リフレッシュしたというか、なんか少しすっきりしたんだ。

帰国すると、当時Be-1のＰＡをやっていた仲西さんという先輩が「こんなんで燃え尽きるんじゃねえよ」と怒ってくれてね。彼は今、僕がやっているライブハウス「BAD KNee LAB.」のＰＡなんだけど。

それで、やっぱり僕にはこれしかないと気づいたんだ。チョッカクさんが言ってた「続けることは難しい」とか、高専で聞いたミツマスくんの「音楽で食っていく」っていう言葉を思い出して。その時に初めて、作曲家を目指そうと思ったんだ。東京から福岡に戻ろうかとも思ったけど、やっぱり一旗揚げないと帰れんと決心した。

SPECIAL INTERVIEW

音楽プロデューサー

鎌田俊哉

鎌田俊哉さんは、少年隊、SMAP、嵐、KAT-TUNをはじめとするジャニーズのヒット曲を数多く手掛けてきたレジェンドだ。松隈ケンタ氏にとってはメジャーデビュー当時の事務所のボスであり、今もその後ろ姿を追い続けている。そんな鎌田さんが知る松隈氏の音楽や人間像を語ってもらった。　（聞き手：藤堂ラモン）

彼は、音楽カルチャーど真ん中の男になる

——松隈さんとはBuzz72+がデビューした時に出会われたんですね。

当時、僕は「キューアンドカンパニー」という作家事務所でマネジメントをしていました。ロック好きのマネージャーで石井くんという人がいて、彼から「聴いてください」と渡されたのが、ケンタの作ったバズの曲でした。すごくよかった。キャッチーさもあるし、ボーカルが曲の芯を食っていた。対バンのライブを見に行くと断トツに盛り上がってたし、グルーヴ感もあって乗れた。一丸となってやる博多のバンドっていう感じで、東京のスカしたバンドじゃないのもいいなと思いましたね。

——それでバズは「キューアンドカンパニー」の所属になったんですね。

僕と付き合いの長いCHOKKAKU（チョッカク）というプロデューサーが面倒を見る

ことになって。ケンタとバンドとチョッカクとで、どんどん曲ができていったので、僕はあまり口を挟まなかったんです。才能ある人はほっといたほうがいいので。でも、ある時からバンドの仲が悪いという話が聞こえてきて。

——実際はどうだったんですか?

リハーサルに行ってみると、本当で(笑)。でも僕もバンドをやってたので、メンバーは意見が違って当たり前だし、喧嘩もしょうがない。リーダーで曲を書いてるケンタの指示は間違ってないし、バンドが風に乗るのを待つしかないなと思ってました。

——その頃の松隈さんの印象は?

若かったし、とんがってましたね。「これ、どうですか」と、どんどんアピールしてくるし。僕は「いいじゃん」と否定はしなかった。でもバンドの仲が悪いのは何とかしろよ、って言ったのを覚えてます。近くに住んでたので、ファミレスで話をすることもあったけど、東京という土地が合わないのかなという感じはしましたね。僕は東京出身だけど、他人のことには見向きもしなかったり、流行にばかり乗っかろうとしたりする根無し草のような部分はすごく嫌いで。だけど僕らの頃は、下北沢みたいに若いアーティストが集まる東京ローカルなカルチャーがあった。ケンタたちの頃はそういうのがなくて。博多と東京との空気感にギャップがあって、居心地が悪いんじゃないかなと思ってました。何とかしてあげられたらよかったんだけど。

――B・iSやB・iSHの音楽プロデュースをするようになった松隈さんを見てましたか？

すごいなと思ってました。B・iSHは紅白にも出ちゃったしね。スクランブルズのスタジオに行って思ったのは、作家が二十人ぐらいいるし、すごくいい環境だなと。それで作詞を頼んだら、すごくはっちゃけていて今の言葉を使った詞が出てきて。ああ、時代はこっちだなと。昔、ケンタの曲にピンときた僕の直感は間違ってなかったと思いましたね。それに仕事のスピードが速いし、今、作詞は全部、スクランブルズに発注してます。だから彼の事務所がなくなったら困るんですよ。

――アイドルを手掛けたり、作家を育てたり、松隈さんは鎌田さんが歩んでこられた道をたどっているようにも見えます。

ケンタから「鎌田さんを真似してるんです」って言われたこともあります。でも彼は、これから音楽に関わるカルチャーを作る仕掛け人として、ど真ん中の男になると思いますよ。嫌味がないし、偉そうぶることもない。いつも一生懸命に周りを巻き込んでいく、そんな人はほかにいませんよ。もう東京はつまんない。福岡から九州、アジアに羽ばたいてほしい。「めんたいロック」のサードウエーブだって作れると思うし、きっと音楽を母体にしながら街を改造するぐらいの大きなムーブメントを起こすんじゃないかと期待してます。

鎌田俊哉（かまだ・としや）
1958年、東京生まれ。ジャニーズ音楽出版の制作ディレクターとして、近藤真彦、少年隊、光GENJI、SMAP、嵐、KAT-TUN、Hey! Say! JUMPなどを手掛ける。2010年からは北京と香港にも進出し、中国のチャート1位に4曲を送り込む。現在はMISIA、EXIT、Little Black Dress、倉木麻衣などをプロデュース。

第5章　再起

僕が東京に踏みとどまれたのは、家族や親族や彼女も含めて、周囲の誰からも「もうやめたら」って言われなかったこともあるかな。普通は「仕事を紹介しちゃるけん、帰ってこい」とか言われそうだけど、そういうのは一切なかった。そういうふうに言われたら、決心がぐらついたかもしれないけどね。

それで、数年ぶりにバイトを始めた。なんせ、レコード会社も事務所もなくて無になったわけだから。無というか、もうマイナスからのスタートだよね。メジャーに行ったけど売れなかった人、というところからだから。

始めたバイトは、パチンコ店が新台入れ替えする時の台運び。東京で知り合ったバンド仲間に紹介してもらったんだけど、ここが実はバンドマンの隠れ家みたいなところだったんだよ。夜中の仕事だから顔がバレないし、日雇いの派遣だったからライブの予定を考えながら自分の都合でやれるしね。

超有名なアニメの主題歌や、清涼飲料水のCMソングを歌っていたバンドのメンバーもいて驚いたね。僕なんかよりずっと売れたのに、バイトしなきゃ生きていけないわけだから、厳しい世界だと思ったよ。

夜中にパチンコ店に行くと、音楽が流れてたてね。たぶん有線だと思うけど。そしたら、働いてるバンドマンたちの曲が流れてくるわけよ。そうすると「おお、キター」みたいな感じで自虐的に盛り上がってね。


もうひとつやったのが、丼物とうどんの「なか卯」のバイトだった。久留米高専の頃にやってた「ＡＫＩＲＡ」というバンドのボーカル原田晃さん、覚えてるかな。僕らを置いて上京した人。彼が紹介してくれたんだ。音信不通だったんだけど、東京で俳優になってたＡＫＩＲＡのベース坂田鉄平さんがつないでくれて、再会したんだ。

晃さんも東京でバンドを組んだけどうまくいかずに解散して、ソロで再起をかける時期だった。高専時代は僕もハナタレ小僧だったけど、メジャーデビューしたこともあって認めてくれて、再会してから仲良くなったんだ。

「なか卯」は赤坂と乃木坂の中間ぐらいにある店で、ジャニーズ事務所とかＴＢＳテレビが近かった。だから、本当に売れてる芸能人が収録終わって夜遅くに来るんだよ。そんな有名人の顔を見るたびに、なにくそ、もう一回這い上がろうと思ったね。

それで、前の事務所とかレコード会社とかの知り合いに「仕事ください」って連絡しまくった。正直言って、相手にされなかったけどね。そりゃそうだ、自分からやめたわけだから。でも時々回ってきたのが、テレビのバックバンドの仕事だった。


バックバンドには二種類ある。ライブで演奏するのと、テレビやMVで演奏するのは似て非なるもので。テレビやMVは基本的に演奏しない「アテ振り」なんだ。だから、なんとなく見栄えがよくて、でも目立ちすぎないように演奏する振りをする。

テレビ局に行って、いろんなアーティストの後ろでやったよ。あとは、バンドのサポートとか、レコーディングの手伝いとか何でもやった。小遣い程度だったけど、音楽に触れられるのがうれしかったからね。ほんとにアマチュアの活動なんだけど、仲間たちは誰も諦めてなかったし、夢しかないから楽しかったよ。

バズのメンバーとはたまに近況報告するぐらいだった。ハルはhuman lostと仲がよかったから、彼らの拠点がある横浜に引っ越してバンド活動してた。自分のペースでやれたから心も穏やかだったんじゃないかな。轟くんとノリは新しいバンドを作ってやってた。

そんな時、僕の運命を変えるバイトに出会うことになる。東急田園都市線の池尻大橋に「BEAT MINTS STUDIO」（ビートミンツスタジオ）という音楽スタジオがあって。もともとはLOUDNESS（ラウドネス）というへビメタバンドなんかが使っていた古いスタジオだったけど、それがリニューアルされることになって、スタッフを募集していたんだ。ただの音楽スタジオかと思ってたら、実は親会社がアイドルをやっていて。大西輝門さんという社長が愛内里菜に楽曲提供したり、ロックアイドルのハレンチ☆パンチとかテクノポップのAira Mitsukiとかを育てていた。

ここで僕は初めて「アイドル」という文化と真正面から向き合うことになった。ＢｉＳやＢｉＳＨを一緒に育てることになる渡辺淳之介ともその後、ここで出会うことになる。

大西さんはもともとＸＬというバンドのボーカル・ギターでメジャーデビューしたあとに、裏方に回ってプロデューサーとして活動していた。僕は単なるバイトだったけど「お前、曲作ってるんだったら手伝えよ」と言ってくれて、作曲とかバックバンドをやらせてもらったんだ。

当時は、中田ヤスタカさんが楽曲プロデュースした「Perfume」がブレークしていて、アイドルの音楽性が豊かになってきた時期だった。大西さんにも徹底的にカッコいい音楽でアイドルを作りたいという思いがあって。それは、ジャニーズに楽曲提供していたチョッカクさんが「アイドルだからこそ、音楽はカッコよくなきゃいけない」と言っていたのと同じだった。その考え方が、僕に大きく影響したのは間違いない。

大西さんはすごく懐の深い人で。ある日、僕がスタジオを使っているとやって来て「お前、なにやってんだ」と怒り出した。「すみません、こっそり使ってました」って言うと「いや、使うのは全然問題ない」って言うわけ。怒ったのは別の理由だった。何だったかもう覚えてないけどね。

とにかく仕事をしながら音楽を聴いたり、レコーディングの機材を触らせてもらったりできるのは有意義だった。バイト料が安くて、周りからは何でそんなに安く働いてるんだって言われたね。

たしかに金がなさすぎて、頼りは実家から送ってもらった米だけ。白飯をパックに入れてバイト先に持って行って、近くのスーパーで買った焼きシャケとかコロッケを乗せて食べてた。スタジオは三鷹にもあったんで、僕は住んでた世田谷区用賀と池尻大橋、三鷹を片道一時間半ぐらいかけて原チャリで行ったり来たり。冬は凍え死にそうだったし、スタジオで寝ることもしょっちゅうあった。

その生活が三、四年は続いたかな。けっこう長かったけど、音楽を続けるためにはいい環境だったんだ。

その頃はＪ－ＰＯＰからロックというジャンルのヒット曲がほぼなくなっててね。曲のコンペもヒップホップとかR&Bばっかりで。RIP SLYME（リップスライム）とか青山テルマ、西野カナとかが流行っていて、ロックサウンドは求められてなかった。

それでさすがの僕もエレキギターで曲を作るのをやめて、借金してアコギを買った。青山テルマが出演するテレビ番組のバックバンドでギターを弾く仕事があって奮発したんだ。僕はイギリスのロックバンドThe Whoのファンだったんで、そのピート・タウンゼントというギタリストが使ってたギブソンのJ-200っていうモデルだった。

パソコンを使ったいわゆる「打ち込み」を始めたのも、その頃だった。ロックだけじゃなくていろんなジャンルの曲が作れないといけないっていう危機感を覚えたからね。ダンスミュージックとかヒップホップとか一通りグワーッと作ってみた。それが今に生きてるわけだけど。

ただ問題は音楽ソフトだった。チョッカクさんたちプロは「Pro Tools」というソフトを使ってたけど、これがすごく高価で。関連する機材もそろえると百万円単位だった。やっぱり売れてる人しか使えないし、僕みたいな若手は絶対勝てねえじゃんって思ってた。

それでも安いソフトとかフリーソフトとかを試していて、ある日、渋谷で有名な機材ショップ「Rock oN」に行くと、仲が良かった店員のサワダくんが「騙されたと思って使ってみて」と言って出してきたのが「Studio One」というソフトだった。値段はなんと三万円。

それ以来、ずっと使ってるんだけど、どこがいいかというと、とにかく軽い。当時のパソコンは何かソフトを入れるとすぐ固まったり落ちたりしてた。三時間も四時間もかけて作ったデータが消えるなんて、もう心を病んでしまうわけよ。そういうことがなかった。

あと、音質が悪く聞こえたんだ。でもこれは逆に解像度がいいってことだと思った。例えばいいカメラで人物を撮ると、シミやソバカスも写る。つまり、他のソフトで聴いても気にならないようなノイズ、粗が目立つ。プロはそういう環境で繊細に編集しないといけないと思ったんだ。

そういう努力が少しずつ実を結んで、作曲の仕事も入ってくるようになってきた。ただ、曲を作ったとしてもレコーディングには呼ばれないことが多かった。映画と同じで、原作者は撮影現場には呼ばれない。現場には監督がいて、脚本家がいて、俳優がいるわけで、原作者は原案に過ぎないからね。作曲家とか作詞家っていうのはそれと同じなんだ。

昔は作詞家の松本隆さんが現場で歌い方まで指導してたと聞くけど、作詞家はもちろん、作曲家にしても今はないいんじゃないかな。だからデモを作って渡して採用されるとうれしいんだけど、あとはアレンジャー（編曲家）の仕事になる。例えばイントロからギターで始まってたはずの曲がシンセサイザーになってたり、ドラムのビートが変わったり。僕のメロディーなんだけど、出来上がってみるとまったく違うものなんだ。

だから、これはいかんと思ってね。アレンジまでできるようにならないと、自分のやりたい音楽は作れない。それに演奏するメンバーもアレンジャーとかプロデューサーが選ぶし。僕はギタリストだから、とくにギターが自分と違ったスタイルの人だと、気持ち悪いというか。

好き嫌いというよりもっと根本的なことで、自分の音楽じゃないような気がするわけよ。ドラムもベースも僕の思うようにならないしね。それで、作曲家じゃなくて現場の最高責任者である音楽プロデューサーを目指そうと思ったんだ。

音楽プロデューサーを目指すには、ルートは二つしかない。ひとつは曲を作ってCDを百万枚売って有名になる。もうひとつは「音楽プロデューサーです」と名乗ること。それって誰かに言われるもんじゃないから、むちゃくちゃ恥ずかしいけど自ら名乗る。いまだに音楽プロデューサーって言われても慣れないけどね。

で、自分で言ったその日から音楽プロデューサーになったね、僕は。売れてもないのに。ギャラは一万円でいいからクレジットに「音楽プロデュースｂｙ松隈」って書いてくださいっていう感じで。片っ端からそういう仕事の受け方をした。

でも、裏切られたり安く使われたりすることも結構あった。コンペに曲を出したら、なかなか戻ってこなくて。こっちはほかに出したいのに、ずーっとキープされてね。ギタリストとして出演する場合も、事前にギャラを言ってくれない。何日も拘束されてバックバンドとして東名阪とかにツアーで行っても、晩飯食わしてるからいいじゃんみたいな感じで。

こっちはバイトを休んで行ってるんだからね。予定より日程が二日増えたのに、ギャラは増えないこともあった。こういうのは今もあるんだけど、クリエイターやプレイヤーがリスペクトされてないのは問題だ。こういう風土は僕ら世代が変えていかなきゃいけないと強く思う。

そんな理不尽なこともあったけど、それでもめげずにやってるうちに、奇跡が起きた。二〇〇九年、あるコンペで僕の曲が採用されたんだ。それも千曲近い応募があった中で。募集の時は伏せられてたけど、歌うのは柴咲コウ。フジテレビ系ドラマ「オトメン（乙男）」のテーマソング「ラバソー ～lover soul～」だった。

募集要項には、ハチャメチャ学園コメディーみたいに書かれていて、番組タイトルも伏せられてた。でも僕は、歌うのはしょこたんじゃないかと勝手に思ってたんだよ。彼女はロックも歌ってたし、個人的にファンだったから。要項にはロックでも何でもありみたいに書いてあったから、久しぶりにロックを作っちゃおうと思って自由にやったのがよかったのかもしれない。

ドラマタイアップだし、これは売れるだろうと大喜びした。実際、当時小学生ぐらいだった子たちにはドラマが人気だったんで、Ｂ・ｉＳＨよりも「オトメンの人」だって言われるくらいなんだ。だからそのタイミングで、大分にいた彼女を呼んで一緒に暮らし始めた。でも、期待してた柴咲チームの仕事はそれから来なかった。

ところが、またもや奇跡が起きた。この曲を聴いたというソニーミュージックの人からいきなりメールが来て「うちのアーティストにすごく合いそうなので曲を聴かせてください」と。それがなんと、しょこたんチームの人だったんだ。何というか、気持ちは通じるものなんだねえ。

それで自己紹介がてら、とりあえず何曲か渡した中にあったのが「フライングヒューマノイド」だった。バズで再出発しようと作った、あの曲。しょこたんのイメージも変えていこうというタイミングで、ちょうどハマったんだろうね。

「僕らは飛び立とうとしてんだ
さんざん見た未来地図と
折れた翼広げ　広げ
今　始まろうとしてんだ
誰か呼ぶ声がする

暁を染めて　染めて」

僕の作詞作曲だったんだけど、この時に初めて編曲もさせてもらって、エレキ弾いてMVにも出演した。YouTubeで「フライングヒューマノイド　２０２０Ｖｅｒ．」が公開されてるので、見てほしい。もう十年以上前、リリースされた当時の僕も映ってるから貴重かも。

二〇一〇年にリリースされて、音楽プロデューサーとして名前は載ってないけど、実質的には初めて楽曲を全部手掛けることができた経験だった。しょこたんチームはすごくクリエイティブに理解のある人たちで、レコーディングのディレクションもしてほしいというこことになったんだよ。

レコーディングディレクターというのは、曲のイメージや歌い方から音程に至るまで、アーティストとコミュニケーションを取りながら音源を作り上げる録音現場の責任者。アマチュア時代に経験はあるけど、プロの歌手をディレクションするのは初めてだった。

当日は二曲レコーディングすることになっていて、最初は僕の曲じゃなかった。それで見学させてもらって、なるほどディレクションのプロはこうやって歌を録るのか、すごいなと感心しながら見てた。

で、僕の番が来た。でも、彼女と会うのは初めてだし、まず何て呼べばいいかわからない。中川さんって言うべきか、しょこたんって呼ぶのか。でも、初対面でしょこたんはねえだろうなと思って。スタッフたちはみんな「翔子ちゃん」って呼んでたから、「翔子ちゃん」と「しょこたん」の中間ぐらいで言ったね。早口で。

周りにはソニーと所属事務所のワタナベエンターテインメントの人たちがズラリといてね。お前、誰？　みたいな感じでこっちを見ていて。思い出すと地獄だね。緊張してガチガチの松隈が「今日はよろしくお願いします」ってちっちゃい声で言ってるという。

もともとファンだったし、やべえなと。それにすごく忙しいから「夜の十一時までに出ないと明日、旅番組ですから」みたいなこと言われて。だから、まるで大きなガラス玉を膝に抱えてるような感じで慎重に慎重に二、三時間ディレクションした。

しょこたんってものすごくシャイなんだけど、録ってるうちにどんどんしゃべってくれるようになって。曲を好きになってくれたんだ。それはいいんだけど、プロ意識が高くて、十数テイク録ってもまだ納得がいかなくて。最後はソニーの人に「松隈さん、このままだとずっとやめないから、そろそろ止めてください」って言われた記憶がある。

本当に貴重な経験だったし、現場で歌い手とコミュニケーションを取りながら作っていくのが、本当に自分のやりたい音楽作りだなっていうことを確信したね。

しょこたんチームがすごくかわいがってくれたので、それから定期的に新曲を使ってくれたり編曲を頼んでくれたり、一年間ぐらい仕事をした。

彼女の人徳だと思うけど、バックバンドとか作家さんたちの仲が良くてね。ライバル同士のはずだけど飲み会も開いていて、僕もお邪魔させてもらった。そこで有名な作家さんとも知り合いになれて、やっと作家として見られるようになってきた。

ただ、収入の方はまだ安定しなかったから、「なか卯」のバイトは続けていた。週一、二回に減らしてはいたけどね。でも、しょこたんと出会ってから一年後ぐらいかな、バイト先の人員整理でクビになってしまった。

途方に暮れていたら、ここでまた救いの神が現れた。久留米に「DREAMS FM」というラジオ局があって、バズを応援してくれてた愛ちゃんっていう女の子がいた。その子が、福岡の「音楽塾ヴォイス」で働いてたんだ。

ヴォイスは、yuiとか絢香を輩出して注目されたんだけど、東京校を作ることになって、先生を探しているというんだ。条件は「そこそこ実績があって、先生の仕事をしたい人」。当時の僕にピッタリだよね。

ただ、最初は嫌だったんだ。バンドマン界隈では、音楽講師とか専門学校の先生っていうのは、食えなくなったミュージシャンがやるもんだと思われてたし。野球とかサッカーに例えると、コーチになるっていうことは引退するっていうことだからね。

でも、背に腹は代えられない。塾長の西尾芳彦さんは有名だったから会ってみたいということもあって、面接してもらったんだ。すると、西尾さんは自分もボーカリストとしてデビューして売れなかったけど、自力で這い上がった経験を話してくれた。

東京から故郷に近い福岡に戻って音楽塾を作り、成功して東京に再び攻め上る。そのギラギラ感がカッコよかったし、話してくれた音楽理論に感服したんだ。メロディーとかコード進行とかね。

それで週三日ぐらい先生をすることになった。やってみると楽しくてね。一人の生徒にどうやったらいい曲が作れるか、いい歌が歌えるかを指導するのは、対象がプロかアマチュアの違いはあっても、プロデューサーがやることと変わらないんだよね。

それに一日九時間ぐらいレッスンするから、しゃべり続ける力もついた。そういうプレゼン能力は、プロデューサーに必要なものでもあるし、今、ラジオパーソナリティーができているのも、この頃の経験が大きいと思う。それに何といっても、教えるために音楽理論を学び直したから、曲作りの能力が爆裂に上がった。

でも、驚いたのは生徒たちが音楽活動についてあまりにも知らないということだった。塾に一年ぐらい通っていた生徒とこんな話をしたことがある。

生徒「歌えるようになったので、路上に出ていいですか」

松隈「路上なんて初日から出ていいんだよ」

生徒「えっ、そうなんですか。でも、お巡りさんが来たらどうすればいいですか」

松隈「そりゃあ、謝るんだよ。謝るか逃げるかの二択やろ。そして次の日にまた同じ所でやるんだよ」

生徒「へえー、そうなんですね」

松隈「路上には縄張りとかもあるから、そこは空気読めよ」

僕らがバンド活動をしていた時は周囲に先輩や後輩がいたし「ＢＡＮＤやろうぜ」という雑誌もあって、情報がすぐ手に入った。例えば「初めての路上ライブ」とか「ライブハウスに出演する方法」みたいな特集があったし、バンドメンバーを探そうと思えば知り合いをたどって見つけることもできた。楽器店に行けば店員があれこれ教えてもくれた。

でも、そんなノウハウは失われていたわけだ。ということは、僕らのような売れないバンドマンの経験にだって価値がある。むしろそれを伝えるべきだっていう使命感みたいなものが芽生えてね。

まあ、世代間ギャップを感じることもあったけどね。ライブハウスに出たいという生徒に「一緒にデモテープ作っちゃろう」って言うと、きょとんとしてる。「あ、そうかテープじゃなくてＭＤか」って言い直したら「先生、ＭＤって何ですか」って。そうか、ＭＤを知らない世代なんだと認識させられて、僕も勉強になった。

ヴォイスにいたのは二年間ぐらいだったけど、いろんな生徒がいたよ。西尾さんから「松隈くん、久留米出身だったよね。久留米からとんでもない新人を送り込むからよろしく」

と言われて出会ったのが、家入レオ。デビューまでの一年間ぐらい教えた記憶がある。

でも、福岡のテレビ番組で一緒になった時に、彼女は「習ったのは一週間ぐらい」って言うわけよ。いやいや、週一回のレッスンなんだから、一回しか教えてないことになるじゃんって言うと「たしかに」ってことになって。間を取って三カ月にしとこうということで落着した。デビュー前でいろんなことをやらされてただろうから、あんまり記憶に残ってないのも仕方がないけどね。

彼女と同じクラスだったのが、カノエラナ。西尾さんが出身地の佐賀県唐津市で発掘した新人だった。ほかにも、もう活動休止したけどロックバンドSPiCYSOL（スパイシーソル）とか、解散したバンドbianco nero（ビアンコネロ）のメンバーとかね。

何よりありがたかったのは、先生業だけで生活できるぐらいの給料がもらえたこと。それでやっとバイト生活を卒業して、神奈川県川崎市の宮前平に小さなスタジオ兼作業場を構えることができた。

そして、挫折を味わった僕の反転攻勢がようやく始まることになるんだ。

第6章　アイドルプロデュース

僕が本格的にアイドルを手掛けるようになったのは、渡辺淳之介という人物との出会いがきっかけだった。ビートミンツスタジオでバイトを始めてしばらくしてからだったと思う。彼はスタジオの親会社「デートピア」のインターンで、スタジオに派遣されてきた。デートピアは、タレントのマネージジメントとかスタジオ経営をするエンターテインメント会社だ。

スタジオで音楽の話をしたり、僕が作った曲を聴いてくれたりしているうちに、何となく仲良くなった。職場の遊び仲間に近い感覚だったと思う。僕はプロデューサーとして自立したかったし、彼にはアーティストを発掘して育てたいという夢があって、互いに将来を模索する時期だったんじゃないかな。

彼はその後、「つばさレコーズ」に転職して、社長のかばん持ちと営業みたいなことをやっていた。時々は連絡をくれてたんだけど、ある日ひょっこりスタジオに現れたんだ。ちょうど僕の曲が柴咲コウの「ラバソー〜lover soul〜」に採用された頃だった。

将来性のある女の子を見つけたから、一緒にやりたいと言うんだ。それが「プー・ルイ」だった。彼としては社内にプレゼンするために、少し名前が売れ始めた僕を使って勝負を賭けたんだと思う。つばさレコーズに連れて行かれて話をした。


そこで僕が提案したのは、一曲、二曲とかじゃなくて、全曲をトータルでプロデュースしたいということ。会社側もそれでOKだという結論になって、僕は正真正銘、音楽プロデューサーとしての第一歩を踏み出すことになった。

自分で演奏者も自由に集められたから、バズのドラム轟くん、ベースのノリにも参加してもらったし、今も一緒にやっている作曲・編曲家の井口イチロウなんかも加わっていた。この時の仲間を集めて作ったのが、その後ずっと活動を共にすることになる音楽制作チーム「SCRAMBLES」なんだよ。

名前の由来は、僕がチームの結成構想をみんなに発表しようと思って呼び出したのがミスタードーナツなんだけど、それが渋谷のスクランブル交差点近くにあったから。単純でわかりやすいだろ。でも、もうひとつ意味があって。

それまでの音楽制作よりもスピード感を大事にしたかったんだ。普通だったら何日もかかるものを一晩でやりますよっていう感じの。まだ売れてないから、スピードで勝負だっていうのもあって「スクランブル出動」の意味も込めたんだ。最初は七人だったかな。

話はちょっとそれるけど、その立ち上げを予定していたのが二〇一一年三月十一日だった。東日本大震災が起きた日だ。僕は渋谷に近い自宅にいて、帰宅難民になった大変な数の人たちが歩いているのを見た。だから、さすがにその日は集まれなかったけど日付は忘れられない。

プー・ルイの話に戻すと、シングルを二枚出した後、二〇一〇年六月に「みんなのプー・ルイ」というアルバムをリリースした。発売日には淳之介とプー・ルイと三人で渋谷のタワーレコードにCDを見に行ったよ。そしたら店の一番奥なんだけど、ヘッドホンの試聴機にCDが入ってて、感動したね。

試聴機ってだいたい五枚入るんだけど、そのうちの三枚目か四枚目。九州でバンドやってた頃は応援してくれてた店で入れてもらったことはあるけど、渋谷のど真ん中だからね。なかなかできないものなんだ。だから、みんなで買った記憶がある。忘れちゃいかんね、そういう気持ちを。

ところが、僕らの期待は裏切られ、結果は百枚ぐらいしか売れなかった。僕と淳之介とプー・ルイの親族と友達ぐらいしか買わなかったんじゃないか、みたいな。こりゃあヤバいな、もう駄目じゃんってことになったんだよ。

ところがところが、そこから思いもよらない展開が待っていたんだ。「OTOTOY」（オトトイ）という音楽配信・情報サイトがあって、アルバムをリリースして三カ月後の九月、プー・ルイがインタビューを受けた。そこで「そもそも何がやりたいのか」って聞かれた彼女が爆弾発言してしまう。

「ソロじゃなくて、アイドルになりたかったのに」

それまでのいろんなインタビューで、好きなアーティストはロックバンドの「Nirvana」（ニルヴァーナ）だと答えてたのに「ニルヴァーナが好きですとか言わされて嫌なんです。そんなの知らないんです実は。アイドルになりたい」ってね。

行き詰まっていたところだから、淳之介もインスピレーションが湧いたのかもしれない。「面白いじゃないか」と盛り上がって「松隈さん、アイドルやることになりました」って言ってきたんだ。だけど、僕も淳之介もアイドルが何なのかよくわからない。

だから「新生アイドル研究会」と名付けたんだ。それが英語で「Brand-new idol Society」。アイドルを勉強しながらアイドルになっていくアイドル「B・i S」が誕生することになった。今から見たら、アイドルの売り出しがすごく上手な人たちがやったっぽく見えるけど、実はまったくそうじゃなかったんだよ。


でも、計画の動き出しは素早かった。アイドルになりたい宣言からわずか一カ月後の十月にオーディションを開催。十一月にはメンバー四人が決まり、翌二〇一一年の三月にはアルバムデビューした。

さらにその年の夏ごろ、淳之介がいきなり年末にワンマンライブをやると言い出した。その場には僕とOTOTOYの飯田さんという人と、あと誰かいたかな。あっけにとられていると、恵比寿の「LIQUIDROOM」（リキッドルーム）というロックバンドの登竜門みたいなライブハウスでやるというんだ。

だけどさ、まだ無名に近い新人なんだから客が入るとは思えない。もう、完全にギャンブルだよね。それでも淳之介は、客がゼロ人でも一人何十万円か出せばやれるっていうわけ。「どうしますか」って言う彼の勢いに押されて、つい「やろう」と言ってしまった。
でも、結果的に年末ワンマンライブはほぼ満員。あれは今考えても、渡辺淳之介っていうヤツが一番輝いてた瞬間だったね。神がかり的な大成功だった。

それからというもの、Ｂ·ｉＳは全裸に見える格好で富士の樹海を走り回るとか、いろんなＭＶで認知度を上げていった。淳之介が仕掛けたプロモーションの妙だった。そしてメンバーチェンジを繰り返しながら、二〇一二年七月、ついにエイベックスからメジャーデビューを果たした。

僕はとにかく、アナーキーなカッコいい音楽をやるアイドルという新しい姿を作り出そうとプロデュースしていたし、ある程度の目的は達成できたかなと思う。そして二年後の二〇一四年七月、横浜アリーナで解散ライブ「Ｂ·ｉＳなりの武道館」を開催して、Ｂ·ｉＳの第一期は終わった。

それと同時に淳之介は独立して「ＷＡＣＫ」という音楽プロダクションを設立した。僕はプー・ルイと合流して「LUI◇FRONTiC◆松隈JAPAN」というユニットを結成してたんだけど、これは企画バンドみたいなもんで長続きしなかった。

言っとくけど名付け親は僕じゃないよ。僕が抜けた時に「松隈ジャパンから松隈が脱退」というニュースになったのは、けっこう笑ったけどね。

新たな展開が訪れたのは、その年の暮れだった。つばさレコーズの忘年会があって、僕は淳之介と一緒に呼ばれて参加した。Ｂ・ｉ・Ｓが横浜アリーナの解散ライブでドーンって盛り上がったし、功労者っぽい感じで呼ばれたのかなというつもりで行ったんだ。だけど、その頃はもう音楽ユニットとして「水曜日のカンパネラ」がブレークしていて、Ｂ・ｉ・Ｓの余韻は残ってなかった。淳之介も会社を辞めてるし僕も部外者だから、二人で端っこの方に座って、なんかこれはいかんなぁと。

それで淳之介に「やっぱりあんたは、自分主導でやった方がいいんじゃないか」という話をしたんだよ。アドバイザー的なタイプじゃないから。僕がいつもの博多弁で「わがままにガーっとやった方がいいっちゃない？」って言うと、彼は「やっぱそうですよね。もう一回、Ｂ・ｉ・Ｓみたいなのをやりたい」と乗ってきた。

それからはもう超特急。一カ月も経たない二〇一五年一月、今度は「Brand-new idol SHiT」（新生クソアイドル）こと「Ｂ・ｉ・Ｓ・Ｈ」の構想が立ち上がり、アルバムを作り始めたんだ。同時並行でオーディションもやって、三月にはメンバーが決まった。

僕にはプロデューサーとしてこだわっていることがある。それは、アルバムにはいろんなジャンルの曲を入れるということ。パンクだったりメタルだったり、ハードロック、グランジロック、オールディーズっぽいもの、バラードまで含めてね。

とくに一作目は、そのグループにどんな衣装が合うのかなっていうのと同じで、どんな曲が似合うのかを探るんだ。それはお客さんの反応も含めてね。ＢｉＳの初期には徹底してそれをやった。売れたっていうことは、その方法がよかったっていうことなんだろうから、ＢｉＳＨでもそうしたんだ。

あと、メンバーにいかに気持ちよく歌ってもらって、いい歌に仕上げるか。言い方は悪いけど、彼女たちはすごく歌が上手なわけじゃない。アイドルだし、育成期間もまったくなしで始まったしね。だから、たくさん録音したテイクの中から、プロの作品としてまとめ上げて編集することに集中した。

もうひとつは、下手でも音が汚くてもいいから、生のドラムやギターを入れて、そのプレイヤーの息遣いを大事にした。そんなに予算があるわけじゃないから、打ち込みで済ますっていうのが主流なんだけどね。

アイドルだったら、メンバー何人かの声がわかればいいじゃんっていうのが常識だったけど、それを覆したかった。バックバンドの息遣いやプロデューサーのこだわりを伝えて、音楽好きにこそ刺さるようなものを目指したんだ。

その思いが伝わったんだろうか。アイドルがかわいいから好きというだけじゃなくて、楽曲として好きなんだという「楽曲派」と呼ばれるファンが生まれた。これはチョッカクさんに教わったことでもあるけど、僕は音楽好きに納得してもらえる音楽を丁寧に作りたかったんだ。


さて、そんな思いを抱えた僕のプロデュースを受けてくれたB・i・S・Hのメンバーたちについて、ここで語ってみようと思う。これまであんまり話したことはなかったんだけど。

メンバーは入れ替わりもあったので、僕が語るのは最終メンバー六人について。アイナ・ジ・エンド、セントチヒロ・チッチ、モモコグミカンパニー、ハシヤスメ・アツコ、リンリン、アユニ・D。本当にいいバランスのチームに育ったね。

アイナの最初の印象は、とにかくいい声だということ。ただ、ちょっと真面目すぎるかなとも思ったんだ。きっちり理論を学んでいて、融通が利かないような感じというか。ロックはちょっとずれてるぐらいがカッコいいというのがあって。実戦向きじゃないような気がしたんだ。

専門的に言うと、僕の曲に対してはグルーヴが遅いなと感じてた。R&B的な歌い方というか。僕の曲のテンポ感は前に前に行くタイプなんだけど、彼女は後ろ後ろで歌う感じだったから、合わないんじゃないかと最初は思ってたんだ。

僕がアイドルのプロデュースにハマったのは、真っ白いキャンバスに絵を描けるところだった。僕は歌にめちゃくちゃこだわりがあるんだけど、僕の思い通りに歌ってもらえる部分と、まったく意に反して出てくるへんてこりんな部分が好きなんだ。中途半端なのが一番困る。

バズでボーカルのハルとうまくいかなかったのは、彼がある程度完成されていたからだった。だから、こう歌ったらどうかとか、こういう歌い方にしてほしいという僕の意見に対して、どうしても抵抗感が出てきてしまう。そこで悩んでしまったんだ。

そのトラウマもあって、アイナについては心配したんだ。だけど、彼女は実はむちゃくちゃ人に合わせるタイプで、柔らかな思考の持ち主だった。いい意味で主張がなくて、身を委ねてくれたんだ。ロックバンドFall Out Boy（フォール・アウト・ボーイ）の曲を歌わせたこともあるけど、彼女は僕のイメージを理解して、ぐんぐん伸びていった。

チッチは、澄んだ真っすぐした声が出そうだと思った。アイドル出身だったから、最初はいわゆるアイドル的な雰囲気の歌い方だったけど、もともとロックも好きだったみたいだし、すんなりハマるかなと思ってたんだ。シンプルに声の好き嫌いで言うと、僕がプロデュースしたグループの中では、彼女の声が一番好きだね。

ただ、第一印象としてはそうだったんだけど、レコーディングが始まると、とにかく負けん気が強かった。アイナの方がそんな感じに見えるけど、そうじゃない。センターを狙うという意識が強くて、アイドル特有のね。

僕のレコーディングは、全員にそれぞれ全部を歌わせてから、あとで誰がどこを歌うかの「歌割り」を決める。だけど、チッチの歌割りが少なかった時に「どうしてですか」ってメールで問い詰められてね。そんなことを言うメンバーは初めてだったから、すごく骨があってカッコいいヤツだなと思って、それからチッチを見る目が変わった。

モモコは、最初のオーディションからかわいい子だなって思った。ちょっと田舎の大学生という雰囲気があって、でも垢抜けたら絶対いい感じだろうなというのは、審査する側は全員一致してた。キャラも人懐こいけど、といって媚びない感じが距離感的にはちょうどいいなと。

彼女は、ある時期から自分は歌やダンスでは勝てないということを自覚し始めて、歌詞にシフトした。事務所からも歌詞を頑張れって言われたんだと思うけど、だんだん歌詞を出してくることが多くなってきてね。僕もいいなと思ったから、一目置き始めた。

それで、モモコはどこが一番歌いたいかを聞いて、そこに優先的に歌割りを入れてみた。すると、やっぱり自分で作った部分とか思い入れのある部分だから、一番エモーションが届くわけよ。

でも、ある時期から言うことが変わってきて。「ここはチッチ」「ここがアイナ」ってね。自分じゃない他のメンバーに歌ってほしいっていうのには、ちょっとシビれたね。ああ、これが売れるグループのバランス感覚なのかと。「自分が自分が」じゃなくてね。サバサバしてるように見えて、ピュアな子なんだよ。

リンリンとハシヤスメは、グループ立ち上げから半年後ぐらいに入ってきた。新メンバーがレコーディングに参加するっていう日に、スタジオの前にえらくかわいい子が立っていて。それで僕はタレントさんかモデルさんかなと思ったんだ。でも時間になってスタジオに入って来たその子が、リンリンだった。僕はオーディションに立ち会ってなくて、顔を知らなかったんだよ。

だけど、歌わせてみるとハロプロ（ハロー！プロジェクト）好きだったり、声もちょっとアニメっぽかったりで、僕の中では使い方がわからないというか。ちょっとフニャっとした感じになっちゃうなと思って。それでリンリンのキャラを考え始めた。

ガツガツ行くのはアイナ、ストレートに歌うのはチッチ。声質としては一番チッチに近いけど、周波数的にはね。で、かわいく歌うのはモモコ。するとリンリンの位置はどうなんだろう。ハシヤスメはちょっとセクシーな感じで、お姉さんっぽい歌い方ができるけど……。

それで、試しにリンリンにシャウトさせてみた。声をディストーションでギンギンにひずませて。あんなにおしとやかっぽい子がシャウトしたらどうなるんだろうって。で、聴いてみたら一番はっちゃけて「ギャーっ」って言えるわけ。

そこでめちゃくちゃハマったのが「SHARR」という曲だった。「シャアアア」って叫びで始まる曲なんだけどね。それから歌が先なのか格好が先なのか忘れたけど、彼女はソリッド路線に一気に突き進んで、それが個性になった。

でもね、そういう子がかわいく歌うシーンもあるといいなと思って、そういう歌も歌えるようになったし。無口キャラだけど、差し入れしてくれたり、体調が弱ってる時に声かけてくれたり、実は優しいんだよね。

ハシヤスメもレコーディングで初めて顔を合わせた。キャラが個性的で印象が強かったけど、声質はまろやかで中低域がしっかりしてて。ほかのメンバーにはない特性で、ハシヤスメにしか出せない雰囲気があった。

わかりやすく言うと太い声、これがすごく好きで。ただ最初の頃はガンガン歌えるわけじゃないので、育ってきたのが「NON TiE-UP」の頃かな。ソロでリリースした「ア・ラ・モード」あたりの時期からしっかり確立されてきたような気がする。

彼女は出身が福岡なんで、ハシヤスメだけが僕の福岡関連のツイートに、必ずいいねを押してくれる。いいヤツだね。

そして、最後に加入したのがアユニ・D。かなり若くてまだ高校生だったのかな。ほかのメンバーは二十代で、僕もまだ三十代半ばぐらいの頃だったから、なんとかしゃべれる感じだったけど。もう、おじいちゃんと孫娘みたいな感じで、会話も共通点があまりないし。声も聴いたことのない歌い方、声質で最初はびっくりしたよ。

やっとひとつのBiSHというものが完成したぐらいの時期だったからね。アニメというかボカロ風みたいな歌い方だったんで、これを僕らの方に近づけられるのかどうか。謎だったね。

それでいろいろ試さなきゃと思っていた時に、スタジオに誰かが置いていった布袋寅泰さんのソロコンサートのDVDがあって。どうなるかわからんけど、まったく交わらんものを混ぜたら何か起きるんじゃないかと。

そこはやっぱり僕は化学科なんで、実験したくてね。「お前は布袋だ」「これでロックを勉強してくれ」って言って渡したんだ。布袋さんはギタリストだから、歌もリズムがしっかりしてるんだよ。だから、ロックのリズムっていうのはこれだ、かっちり歌うもんだ、っていうのを教えたんだ。

そしたら彼女も真剣にとらえてくれて、パワーが出てリズムもハマるようになった。いわゆる「アユニ節」と言われるものが生まれたわけだ。それでメキメキと成長して、ソロデビューしたらどうかっていう話が持ち上がってPEDRO（ペドロ）っていうグループになった。

エイベックスのスタッフから、僕だったら誰をソロにしたいかって聞かれたんで、彼女を推したんだ。リズムにまだ課題があったから、ベースを弾かせてみようということになって、やったらすっかりハマった。

それで、いろいろロックなアーティストとかも教えてたら、どんどん自分から掘り出してマニアックな域まで行って。それから彼女の音楽性が爆発した感じだね。僕はBiSHのライブのリハーサルは基本的には見に行かないんだけど、アユニのリハにはよく行った。ベースの構え方から音作り、お客さんの煽り方までスタジオで実践的に練習したね。BiSHとはまったく別のアーティストとしてプロデュースする感覚で。だから、二〇二一年にPEDROが武道館でワンマン公演した時は、よう頑張ったなと思ったよ。

こうやって文章にすると、なんか僕が全部育てたみたいになるけど、そういうわけじゃなくて。僕のちょっとした一言がきっかけになって、彼女たち自身が努力を重ねて変わっていったんだろうね。僕は化学調合みたいに隠し味を入れたり、薄い膜をはがしたりして、その結果がどうなるんだろうっていうのを楽しんでる感じだった。

ただ、プロデューサーとしてレコーディングには信念があった。

アイドルのレコーディング方法は、基本的に二つある。ひとつは最初から歌割りを決めておいて、自分が歌う部分だけを覚えてきてね、という方法。とにかく時間がないからね。音楽制作者からすると、二、三時間で一曲を録る感覚なんだ。ソロシンガーの場合でそれだから、五人いたら五倍。それは不可能なので、そこを何とかしようとして考えられた方法なんだよ。

もうひとつは、全員で歌うパターン。数人で同時に歌う、ユニゾンと言われるヤツだね。でも、僕はどっちも嫌いなんだ。時間を短縮するためにクオリティーには目をつぶってやっている現場がほとんどだし、実際そう言われたこともある。アイドルなんで、みんなでワーッと歌っただけでいいですよとか。歌割り決めとくんで、その通り録ってくださいって言われたこともあって。それは音楽のクオリティーを下げる一因だなと。

例えば「ＡＫＢ48」だと学校のクラスがコンセプトみたいになってるから、みんなで歌うのはすごくいい。「モーニング娘。」はみんなでカラオケではしゃぐぜっていうスタンスだから、ユニゾンがいいと思う。だから僕もやらないってわけじゃない。

ただ、やっぱり一人一人を丁寧に録ってあげたい。みんな歌とか踊りでスターになりたいと心底思っているので、平等は無理でも一カ所ずつでも見せ場を作ってあげたいっていうのが僕のこだわりだったんだ。淳之介が設立したワックの場合は、そこをやらせてくれたから、音楽のレベルも上げられた。


あとね、僕の場合は歌を覚えたり、練習してきたりしてほしくない。音源を聴かないで来てくれるのがちょうどいいぐらい。それはギタリストだからかもしれないね。ギタリストって、実は現場に来てから音作りを始めるんだよ。

バンドの場合、ドラムはスタジオなり、ライブハウスに設置されているものを使うしかないので、まず音が決まる。それに合わせてベーシストが音を作る。そこにギタリストが来て、一番上に乗っかる音を作るんだ。

ベースとドラムがステーキだとしたら、上にソースをかけるのがギター。その部屋の鳴り方とか、その日のベースとドラムのコンディションとか音色に対して、つまみがいっぱいついてるアンプで調整するわけ。

だから、自分で決めてきた音をそのままポンって演奏するのは、ギタリストとしては違和感がある。僕はギターとベースの出てない部分を補うとか、歌の足りない部分を補うっていう感覚なんだ。

ボーカルでもアイドルでもスタジオに来た時に「歌い方はボイトレの先生と決めてきました」みたいなスタンスだと、それは勘弁してくれと言いたくなる。

みんなまっさらな状態で集まって、その日その場の状況を見ながら決めていく。創作料理を作るみたいな。素材がいっぱいあって、それを調合して料理を作っていく。それができたからよかったんだ、ワックの場合は。


アルバム全曲をプロデュースするわけだから、例えば風邪引いて調子が悪いっていう時は、その子を使わないこともできる。「ごめん、次は使うから」みたいなことで納得させられるから。逆に、この歌を歌いたいんだったら、この歌だけは死ぬ気で頑張ってこいとか、そういうモチベーションも作れる。

だから一作曲家じゃなくて、トータルで見るプロデュースの形で信頼してくれてた部分がすごくよかった。僕以外の人が曲を提供してくれた場合、それを喜んだり、いや松隈がよかったと言ってくれたりするファンの人たちもいるけど、それはうれしいような、そうじゃないんだよなっていう気持ちも実はあってね。

僕が大事にしているのはプロデュースの部分なので、誰が作ったかっていうよりは僕が歌とか楽器を録っているかというところが肝心なことなんだ。もちろん、僕が作った曲が一番プロデュースしやすいけど、人が作った曲でも僕が録ってきた。

なので、BiSH、GANG PARADE、豆柴の大群といった女性グループの場合は、曲の統一感やメンバーとの距離感を大切にしながらやってこられた。単発になるとそうはいかない。グループの成長も考えると、アルバム二枚で一、二年ぐらい携われるとすごくいいプロデュースができるなと思う。

とは言え、グループも大きくなってくると、そういう僕の青臭いやり方が通用しなくなることもある。BiSHも解散を発表したあと、二〇二二年は十二カ月連続リリースする予定になっていて、全部がっつりやろうという企画だったけど、僕のプロデュースじゃなかった曲もある。ラストシングルも僕じゃなかった。

僕の曲ではときめかなくなったのか、売り上げが下がっちゃったのか、もっと話題を作りたいのか。事務所とかレコード会社にもおそらくいろんな思惑が生まれてきて、そこはもうね、大人の戦略というか。

まあ、方針が変わってきたのかなとは感じてたけど、音楽プロデューサーって下町の工場みたいな感覚だから、発注が来ないことには何とも言えない。クライアントの方針がそうだと言われれば、ああそうなんだとしか言いようがないんだ。

終わり方がなんとなくうやむやになってしまったことには反省点もある。業界にありがちなんだけど、契約書というものがなかった。売れたら返しますよっていう言葉でみんなが動いてたわけでね。

僕は0から1を作り出すのが好きだし、やりがいがある。その楽しさが勢いを生むんじゃないかとも思う。でも、売れてきて10を100にしようとすると、そこには話題作りも必要だろうし、スタッフも大変だろうなというのは感じてた。

だけど、これはファンの人たちにはわからないと思うけど、僕にとってのBiSHは十二カ月連続リリースの最後の曲「ZUTTO」で終わったんだ。それもレコーディングは十月ぐらいだったから、けっこう時間のズレがあった。

アーティストの時間軸で言うと、レコーディングしてMVを撮影して、テレビに出たりツアーをしたりして、ファイナルのライブで終わる。僕らレコーディング班は、一番最初に終わってしまうんだよ。

「ZUTTO」の仮タイトルは「これで最後」だったんだ。僕の中では、B.iSHありがとう、さようならっていう気持ちでレコーディングしてた。

「行かなくちゃ　ずっと　手繋いで
　答えはないのさ
　僕は一人じゃないから」

こんな歌詞だし、録ってるときに僕の思いも伝えたから、彼女たちもなにか感じたかもしれないけど、本当に最後の仕事だとは誰も思ってなかったんじゃないかな。

レコーディング班には別れのセレモニー的な場面はないからね。僕は心の中で花束を贈った感覚だけど、卒業解散おめでとうって言えなかったのは寂しい気もした。

正直に言うと、ラストシングルまでやりたかった。例えば小説で最終章だけ自分じゃない人が書いたとすると、それは自分の本じゃないよね。だから僕はこれまで別の人がプロデュースした作品は聴いてない。聴くのが怖い。だって、いい感情が持てるわけがないから、聴かない方がいいと思うんだ。

あと、これは不思議な話でもあるんだけど、B・iSHが最後に配信リリースした曲は「innocent arrogance」で、これは僕のプロデュース。実は一年前にレコーディングしてたんだけど、アニメのオープニングテーマに決まったからリリース時期を待ってたんだ。ラストシングルのあとにこの曲がリリースされたから「あれっ？」と思ってる人がいるかもしれないけど、そういうわけ。

いろんなことがあったけど、B・iSHとは約八年半、苦楽を共にしてきた。目標だった東京ドームで解散ライブをやれるまで駆け上がった彼女たちには、本当に拍手を送りたい。

そして本当にたくさんの楽曲を作らせてくれて、音楽的なワガママを聞いてくれたWACK渡辺淳之介くん、WACKアーティストで一緒に関わって頂いた各レーベルの皆さんにも感謝してる。これからも応援するよ。

第7章　帰郷

ＢｉＳＨが売れ始めていた頃、僕は故郷の福岡に帰ることを考え始めていた。実は、チョッカクさんから言われたことが、ずっと頭に残ってたんだ。彼は広島から上京して成功したわけだけど、ずっと故郷に帰りたいと思っていたそうで、こう言ってた。

「お前らは帰りたいと思わねえのか。広島とか福岡の人間は地元が好きだろ？　俺みたいに子どもが大きくなったら帰れねえぞ」

福岡ってところはフォークや「めんたいロック」の世代で大成功した先輩たちがたくさんいるから、上京イコール大成功っていうイメージがあってね。失敗して帰るのはカッコ悪いと思ってた。それもあって、僕はバンドが活動停止しても東京で頑張ってたわけだ。

あれは二〇一六年の十月だった。テレビのドキュメンタリー番組「情熱大陸」に、人気漫画「キングダム」の作者、原泰久さんが出演しているのを見た。原さんとは面識はないけど、僕の実家がある佐賀県基山町の出身だということは知っていた。

はっとしたのは、原さんが福岡に仕事場を構えていて、東京に原稿を送っているという話だった。僕はそもそも漫画と音楽制作は似ていると思っていて。作家の周りにアシスタントがたくさんいて、みんなで作る。だったら僕も、事務所ごとまるっと移転してもやれるんじゃないかってね。

ネット環境が進化したおかげで、音楽データのやり取りはスムーズになってきていた。レコーディングだってリモートでやれるようになる（その後、新型コロナウイルスの流行でそういう動きは加速して実現するわけだけど）。ゲーム会社なんかも福岡に集積してきていたし、この流れに乗ってもいいんじゃないかと思ったんだ。

そして翌年六月、娘が生まれて僕は心を決めた。このまま東京にいると、チョッカクさんが言ってたみたいに、帰りたくても帰れなくなる。それに何より、娘が方言をしゃべれなくなってしまうのが、どうしても嫌だった。

これは余談だけど、原さんの話にはほかにも感銘を受けたことがあった。それは、自分で考えたストーリーなのに、胸が熱くなって泣きながら描いているということ。考えてみたら当たり前かもしれないけど、作者が泣けないものを読者が読んで泣けるわけがないよね。

それじゃあ、自分はどうなのか。そう考えて作り上げたのが、BiSHのメジャーセカンドシングル「プロミスザスター」だったんだ。歌詞で描いた挫折と希望は、彼女たちだけじゃなくて僕自身の人生も投影していると思う。原さんには本当に感謝している。


話を戻そう。自分が全盛期のうちに、妻子を連れて福岡に帰ろうと決めた僕は、二〇一八年になってから福岡県春日市にスタジオを作り始めた。東京のスタッフとか取引先の人たちからは「なぜ今？」「意味わかんない」とか、さんざん反対されながらね。だけどスタジオ作りって、意外に難しい。スクランブルズには東京に二カ所、下北沢と大岡山にスタジオがあるんだけど、どちらも元スタジオだ。スタジオって音がうるさいイメージがあるから、新たに作ろうとすると周囲からはいい顔をされないんだよ。

それでいろいろ探し回って、春日市に適地を見つけた。福岡市内から車で三十分ぐらいで行けるし。二階建てのビルを丸ごと買って、二階をスタジオにした。賃貸物件だと騒音問題で追い出されるのが嫌だったからね。初めて借金したけど、若手を育てたりレコーディングをしたりするには、どうしても必要だったんだ。

そしてついに、その年の六月、僕ら家族は福岡市に転居した。仕事には不便はぜんぜん感じなかった。福岡市は空港が近いから、東京で仕事があればすぐ飛んで行ける。こっちに来てからわかったんだけど、東京と福岡の二拠点で暮らしている人は本当に増えてるよ。

福岡に帰ってきて最初に手掛けたのが、九州・沖縄在住アーティスト限定の配信レーベル「scramble edge」の立ち上げだった。旧知の間柄だったエイベックス九州支社の福井さんとの共同プロジェクトで、新人アーティストを発掘して毎月二曲を配信した。

そんなアーティストたちを集めて、二〇一九年九月には「SHOUT TO THE TOP!」というイベントもやった。会場は、福岡のギャル文化の発信地だった天神コアという商業ビルの屋上。天神コアは都市を大改造する「天神ビッグバン」で翌年に解体されたから、あそこで最後にシャウトしたのは僕らだったと思う。

この配信レーベルの活動は一年ほどで終わったんだけど、福岡で活動するいろんなバンドやアーティストに出会えた。それで、僕ともう一度一緒にやりたいという子たちとレーベルを設立することにした。それが今の「BAD KNee」（バッドニー）になるんだ。

ただ、若い子たちに曲作りとかレコーディングではアドバイスできるんだけど、何かが足りなかった。ライブとかリハーサルを見ていて、演奏やMCをこうしたらいい、ああしたらいいと口では言っても、説得力がない気がしたんだ。だって、あんた裏方じゃん、バンドやめたじゃん、売れなかったじゃんって、僕だったら心の中で思うだろうから。どんなに売れてなくても、カッコ悪いおっさんでもバンドやってる人の言葉だったら届くかもしれないけど。

そう考えていると、バンドをやりたい、やらなきゃという思いがふつふつと湧いてきた。やるんだったら、バズのメンバーに声をかけるのが筋だし、しっくりくる。でも果たして再結成できるだろうかと思いながら悶々としていたんだ。

そんな時、一本の映画を見た。イギリスのロックバンドQｕｅｅｎ（クイーン）の伝記映画「ボヘミアン・ラプソディ」だった。ソロになったボーカルのFreddie Mercury（フレディ・マーキュリー）は孤立するんだけど、メンバーと和解して復帰した。

それはもう、強烈なインスピレーションだったね。僕らは博多のボヘミアン・ラプソディなんじゃないかと。それで、メンバー全員に映画のＤＶＤを送りつけたんだ。

ボーカルのハルだけは連絡先がわからなくて、フェイスブックで友達申請した。そしたら、瞬時にＯＫが返ってきて。それで、久しぶりに会えないかって言ったら、いいよという返事だった。やっぱり人は直接しゃべらないと話がねじ曲がるし、誰かを通して疑心暗鬼になれば言葉も反対に伝わる。だから、一対一で話そうと思ったんだ。

二〇一九年の冬、彼が住んでいた神奈川県川崎市に向かった。居酒屋で二人きり。なんせ十年以上、まったく音信不通だったから彼も警戒してたとは思うけど、本当にシンプルに「もう一回、バズでやらないか」と言ったんだ。

彼はバンドを活動停止してからの話をいろいろしてくれた。やっぱり思うように声が出せなくなったのが苦しかったこと、でもボイトレで声の出し方を学んだり、人に教えたりしてきたことで自分なりに成長したこと。そんな話を堂々とする彼の姿がすごくよかった。昔は二人とも感覚でしゃべってしまう部分があって、そこのズレが大きくなったんだけど、今なら論理的に話ができる。これならお互いに嫌な思いをせずにやれそうだと思ったし、帰り際には昔に戻った感覚だったよ。

で、善は急げ。福岡に戻ってすぐ、ベースのノリとドラムの轟くんをもつ鍋屋に呼び出した。バズ再結成の話をして「実は新しいボーカルを呼んどるけん」とぶち上げた。あとから聞いたら、轟くんはこの時、ＢｉＳＨのアイナだと思ったらしい。だからハルが顔を見せると、轟くんはまるでコントみたいに椅子から転げ落ちた。十三年ぶりに四人がそろった席で、最初はぎこちなさもあったけど、ハルは涙を流してた。あれはうれし涙だったのかなあ。それを見て僕も感動したよ。

ハルはボーカルになるために生まれてきた男だと思う。褒め言葉だけど、あいつからボーカルを取ったら何も残らない。それなのに、メジャーとか東京というものに飲まれて押しつぶされてしまったんだろうね。それは僕も同じだった。

だから、再結成する時に、今後はメンバー四人以外の意見は無視する、四人の誰かがやりたくないことはやらないって決めたんだ。十三年ぶりに同じメンバーで活動できることって奇跡だと思うから。

バズの再結成が決まり、僕らは二〇二〇年四月八日にミニアルバム「13」を発売した。そして十九日に大きなイベントを仕掛けた。「サウンドスクランブル天神２０２０」のタイトルで、出演はバズと九州で活動するバンド十一組、それにＢｉＳＨ、ＰＥＤＲＯ、豆柴の大群。親不孝通りのドラムBe-1とSONを借りて、どちらも出入り自由のサーキットライブにした。

チケットはソールドアウト。バズの復活ライブを華々しく打ち上げる予定だった。ところが、みなさんご存じの通り。CD発売前日の四月七日、新型コロナの緊急事態宣言が発令されてしまった。CDショップは営業自粛したから売れないし、イベントはもちろん中止するしかなかった。そりゃあ衝撃的だったよ。

誰もがそうだっただろうけど、音楽業界にとってはそれから暗黒の日々が始まった。音楽コンテンツはCDというパッケージから、月額課金のサブスクリプションサービスに取って代わられて収益は下がっていたけど、ライブの動員は右肩上がりだった。その収益の柱がゼロになったわけだからね。


と言って、落ち込んでばかりはいられない。何かできることはないかと探しているうちに、ネットを使ったオンラインサロンというのが流行り出してきていたのを知ったんだ。思い立ったら吉日、五月の初めには「松隈ケンタオンラインサロン」をスタートさせた。

コロナで音楽がなくなって食えなくなったら寂しいし、音楽好きの人たちと繋がりたかった。それに僕の曲のファンはいるだろうけど、僕のファンはそんなにいないだろうから、バンドをやっていくうえで、まずはファンクラブ的なものを作りたかったんだ。

音楽の話をしたり、レッスンしたり。もうひとつは、僕が無類の野球好きなので「野球部」も作った。全体で五百人ぐらい集まってくれて、そのうちの野球部が二百人だった。

それが前にも書いた「スクランブルズベースボールリーグ」。関東、関西、中部、九州の四チームができて、年に一度は全国大会を開くまでになった。その年の年末にソフトバンクホークスの本拠地、福岡ペイペイドームを借りて初開催して以降、毎年、八十人ぐらい集まってドームで大会を開いてるんだ。

野球の大会といっても、そこは松隈らしくエンターテインメントにしたいと思って、一年目はホークスの元投手、新垣渚さんがゲスト。二年目はホークスのコーチだった達川光男さんに来てもらった。プロ球団のドームで野球をやりたいっていうみんなの夢を実現できたのは、本当によかったと思う。

野球の話で言うと、僕らのレーベル「BAD KNee」の名前も野球に由来してるんだ。

僕はもう十七年間、草野球をやってるんだけど、ある会社のチームと試合している時だった。ピッチャーやってて、最後の一人という時に相手チームが代打で女性を出してきた。

それが相手チームのリーダー的な人だったんで、忖度して軽く投げたんだ。結果は見逃し三振。普通ならそれで終わりだけど、相手はどうも納得しなくて「もう一回、もう一回」みたいなヤジが飛んで。

まあ、こっちもエンターテイナーだから、もう一球投げることにしたんだ。そしたら、一番難しいとこにボテボテのサードゴロ。サードが捕ったら間に合わないし、僕が捕りに行ってギリギリのところだったんだ。

球場を使える時間が迫ってたから、アウトにしないと終わらないし、慌てて捕った。振り返ってファーストに投げようとした時、右足が芝で滑って変な方向に曲がって……。忘れもしない右膝の前十字靭帯の断裂。それで、自戒を込めてレーベル名にしたというわけ。

だからバッドニーのキャラクターは右足にギプスして、松葉杖をついてるんだ。ちょうど東京から福岡に引っ越すタイミングだったのに、三カ月ぐらいは自力で動けなかったからね。まだ二歳ぐらいの娘もいたし、妻には一番迷惑をかけたなと思う。

でも、もう一度あの状況が来たら、それでも僕は捕りに行くだろうな。じゃないと試合は終わらないし、盛り上がらない。やっぱりチャレンジャー精神が大切だからね。

ただ、いいこともあって。仕事は相当に忙しい時期だったのに僕が動けなかったから、クリエイター陣とかスタッフはみんなすごく成長して、爆裂に能力が上がったね。

さて、話を戻そう。コロナ禍で世界があえいでいた二〇二〇年の夏、福岡のエンターテインメント関係者の間で大きなうねりが起きた。音楽都市・福岡の火を絶やすまいという願いを込めた応援ソングを制作しようという動きだ。

タイトルは「Beat goes on」。福岡ゆかりのミュージシャンやタレント約百人がチャリティーで参加して歌声を吹き込んだ。前代未聞の取り組みだったと思うよ。

伝説のロッカー鮎川誠さん、浦田賢一さん（サンハウス）、田渕ひさ子さん（NUMBER GIRL）、芸人のカンニング竹山さん、黒瀬純さん（パンクブーブー）、ゴリけんさん、パラシュート部隊（斉藤優さん、矢野ぺぺさん）、俳優の田口浩正さんのほか、ＨＫＴ48、ＬｉｎＱ、ばってん少女隊などの地元アイドル、民放各局のアナウンサーもそろい踏み。高島宗一郎市長も歌ってくれた。

発起人は、福岡のエンタメ界ではレジェンドの深町健二郎さん。ミュージシャンで、毎年九月に五会場で開催される大規模ライブイベント「福岡ミュージックマンス」の総合プロデューサーでもある。

光栄なことに、僕は音楽プロデューサーとして参加させてもらった。歌詞は深町さんとの共作で、作曲は僕が担当した。歌も歌ったよ。

「僕らの生まれたこの街には
愛と歌声が溢れているよ
繰り返し襲ってくるくらやみ
いつも手を繋ぎ乗り越えてきたよ
何度でも立ち上がるこのチカラ
そばにいるから手と手繋いで行こう」

福岡は一九七〇年代以降、多くのミュージシャンを輩出してきた。その先輩たちに敬意を表して、歌詞には「今夜だけは」（チューリップ）、「暮れなずむ」（海援隊）、「空も飛べるはず」（スピッツ）などのフレーズも盛り込んだ。

レコーディングエンジニアは、ももいろクローバーZ、BABYMETAL、KEYTALK、氣志團など百組以上を担当した戸田清章さん。彼は僕より先に東京から福岡に拠点を移していて、深町さんをはじめとする音楽関係者を紹介してくれた。

それで深町さんから誘ってもらって楽曲の制作に入ったんだ。一番大変だったのは、どの部分を誰に歌わせるか。なんせ百人もいるし、その出演交渉もしなきゃならない。二人で手分けして一カ月ぐらいかかった記憶がある。

深町さんはいろんなイベントをプロデュースされてきただけあって、仕切りとか現場の空気作りとかがすごく上手で、本当に勉強になった。深町さんも僕のレコーディングが面白いと思ってくれたようで、それから仲良くさせてもらってる。

福岡らしいなと思ったのは、関係者に曲のデモを聴いてもらった時。和気あいあい系と、ロック系と二曲作ってたんだけど、みんなが選んだのはうるさいロック系だった。チャリティーソングでこんなに叫ぶ歌をやるっていうのは、なかなかないよ。

本当に空気がどんよりして先が見えなかった頃で、思い出しても不思議な気分だけど。現実なのか映画の世界なのかわからんなっていうぐらい。でも、いい作品ができたと思う。福岡に帰ってきてひとつ大仕事ができたなっていう感覚だったね。

もうひとつよかったのは、この時に深町さんから福岡のエンタメ業界の人たちを紹介してもらったり、レコーディングの現場で顔を合わせたりできたこと。「ミュージックシティ天神」という一大音楽イベントをずっと支えてきた西鉄エージェンシーの松尾伸也さんとも知り合えたし、僕の人脈は一気に広がったんだ。

深町さんや松尾さんは二〇二一年四月、福岡を日本・アジアを代表する音楽都市にすることを目標に「福岡音楽都市協議会」という団体を創設した。僕もその一員に加えてもらっていて、若い人たちがキャンプして音楽を学ぶイベントに講師として参加した。みんな意欲的で、福岡にはこんなに人材がいるんだと思うとうれしかったなあ。


ＤＪの栗田善太郎さんとの出会いも大きかった。話は前後するけど、二〇二〇年四月にＮＨＫ福岡のＦＭで始まった「六本松サテライト」で、一緒にＭＣをやらせてもらったんだ。福岡に帰ってきてすぐ、ＦＭ福岡で「松隈ケンタのスクランブルロックシティ」という番組を持ったんだけど、これが好評だったらしくて、ＮＨＫからも声がかかったんだと思う。

栗田さんは音楽に関して、福岡では右に出る者はいないという人。すごく緊張したけど、音楽についてはもちろん、ラジオというメディアの在り方や話し方についても教えてもらって、本当に鍛えられた。僕は今、CROSS FMで「BAD KNee RADIO!!」という番組をやってるけど、栗田さんの教えが生きている。仕事に対するプロフェッショナルな姿勢が本当に尊敬できる方だ。

「六本松サテライト」では、さすがＮＨＫだけあって、ゲストに財津和夫さんや松本隆さんという音楽界のレジェンドを迎えたこともある。二〇二一年の大みそかには、ＢｉＳＨが初出場した紅白歌合戦を福岡のラジオで聴きながら生解説するという前代未聞の企画もやった。

彼女たちが歌ったのは「プロミスザスター」。僕も自分の曲が紅白で流れるなんて初めてだから「ドキドキしてきた。無事に終わることを祈ります」って言ったんだけど、本番でアイナが歌詞を間違えたんだよね。ウルッとしてたらアチャー、だよ。

テレビの放送が終わったあと、出演直後の彼女たちとネットでつないでラジオ上で話した。聞いた人は覚えてるかもしれないけど、アイナとはこんなやり取りだった。

アイナ「四、五年歌ってて初めて噛みました。ガッツリ間違えて、松隈さんに怒られる。一生引きずります〜」

松隈「俺やったら眠れんな。でも怒ってないよ。気合が入り過ぎたんやろ。声は出とった」

みんな緊張してたんだよね。リンリンも振り付けを間違ったと告白したし、ハシヤスメは息を吸い過ぎて口がパサパサになって、ダンスもどっちに回転するか迷ったらしい。彼女の「紅白には魔物が潜んでる」っていう言葉が印象的だった。

チッチは、メンバー全員が集まるエンディングで「みんながしがみついて離してくれなかった。初めての感覚でした」と感動してたなあ。「恩返しできたし、やり切れてよかった」というチッチの言葉が聞けて、うれしかったよ。

番組に誘ってくれたNHK福岡の中村プロデューサー、浜崎さん、二代目プロデューサーの山﨑さん、高専の後輩で弟の同級生でもある三原くんには特にお世話になった。また、福岡に戻って最初にラジオをやらせてくれたFM福岡の縄田さん、吉田さんにも本当に感謝している。番組スタッフのみなさんも含め、本当にありがとうございます。

メディアの話で言うと、TNCテレビ西日本はバズが再結成する時のドキュメンタリーを撮ってくれたし、天気予報のキャラクター「てんタマくん」のテーマ曲、松隈がMCを務める「福岡に音楽番組をつくりたい！」という番組もスタート。ゴリけんさんとパラシュート部隊が全国を旅する「ゴリパラ見聞録」の主題歌「僕らの旅さ」も作らせてもらった。特にTNCの小山さんはアイドルが好きで、僕の作る音楽を気に入ってくれていたのでドキュメンタリー番組制作やそのほかの福岡での活動でも手伝ってくれた。ホークスの選手や城島高原パークを紹介してくれたのも小山さんだ。

福岡で有名なテレビプロデューサー瀬戸島さんは音楽やカルチャーに精通していて、帰福したばかりの頃からいろんな仕事で声をかけてくれたし、僕だけでなくBAD KNeeの連中も気にかけてくれている。お二人との関係もあって若手プロデューサーの近木くんと「音楽番組をつくりたい！」をレギュラー化することができた。この番組のMC（おほしんたろうくんとHKT48秋吉優花さん）や技術スタッフの皆さんも全員猛烈に熱いハートを持っている。

TNCさんとはこれからも面白いことをたくさんやっていきたい。

西日本新聞のニュースアプリ「西日本新聞me」では、動画生配信の音楽番組でMCを担当させてもらったし、地元メディアにはかわいがってもらってるんだよ。RKB毎日放送の柴田さん（チャゲさんの親戚としても有名）や、若手の冨士原アナウンサーともいろんなことにチャレンジさせてもらってる。

日本経済大学（福岡県太宰府市）では、なんと音楽を教える特命教授に任命されたし、地元で若い人を育てたいという願いもひとつかなった。自分は大学出ていないのに教授をやらせてもらっているという斬新な状態やけど、学生たちと毎週顔を合わせてコミュニケーションを取れることはとても刺激になる。みんな目がキラキラしている。

そんな僕の活動拠点になっているのが、福岡の中心地・天神に隣接する今泉というところに構えたカフェバー「GULDILOCKS」（ガルディロックス）。ここに事務所も併設している。福岡に帰ってきた当初は、音楽の聖地と言ってもいい親不孝通りに事務所を構えたんだけど、二〇二〇年末に引っ越した。

なぜカフェバーなのかというと、僕は音楽プロダクション「ＬＤ＆Ｋ」社長の大谷秀政さんを尊敬しててね。ＬＤ＆Ｋは「打首獄門同好会」とか「かりゆし58」が所属するレーベルなんだけど、全国にカフェやライブハウスを展開している。東京・渋谷の「宇田川カフェ」は早朝まで営業する「夜カフェ」の元祖として有名だね。

音楽と、音楽が生かされる場作りを同時にやっていくという大谷さんの考え方は、著書を読んですごく理にかなっていると思っていた。それで僕もカフェバーをやりたいと考えていた頃、ちょうど福岡に進出されて、お会いする機会があった。ライブハウスとカフェバーを併設した「天国と秘密」という福岡の店にも伺って、やっぱりこれだなと納得した。だから、ガルディロックスにもライブができるスペースを作ったんだ。音楽スクールも併設したから、若い人を育てる拠点にもなっていると思う。コロナ禍のど真ん中だったから苦労もあったけど、やっぱり人が集まって飲んだり歌ったりできるたまり場があるのはいいもんだね。この時に、東京からスタッフも呼び寄せて、福岡での態勢も整っていったんだ。

それで終わりかというと、どうやら僕は毎年なにか新しいことをやりたくなるようで。翌年にはライブハウス「BAD KNee LAB.」を開設した。前にも少し触れたけど、これがまた不思議な縁のある話なんだ。

ガルディロックスから歩いて五分ぐらいのところに「徒楽夢」というライブハウスがあった。一九七八年からやっていて、ザ・ロッカーズとかザ・モッズなど「めんたいロック」を広めたバンドが出演し、新人の登竜門としての役割もあった。

でもそれが閉店しそうだという話を、久留米高専の先輩でドラムBe-1のＰＡをやってた仲西さんから聞いたんだ。経営者はデビュー前からお世話になっているドラムのマスター西本さんだった。それで「聖地をつぶすのはもったいない」と頼み込んだら「お前ならできるかもしれん。失敗してもいいけん、やってみたらいい」と貸してくれた。

もうこれは運命だと思った。若い頃から憧れていたライブハウスを自分がやることになるなんてね。これで今泉の事務所を拠点に、若手を育成するスクール、レコーディングするスタジオ、そしてライブできる場所まで一通りそろったわけ。

バッドニーラボではライブだけじゃなくて、YouTubeの番組「BAD KNeeチャンネル」も撮影してる。一番笑えるのは「俺たち博多のバンドマン」というシリーズで、「バイバイ、僕の恋人。」という曲を歌う「Ｔｈｅ コットンクラブ」というバンドが出演してるヤツ。この曲のＭＶは、部屋から失踪した彼女を捜そうと、バンドマンが仲間と一緒に街中を走り回るんだけど、なんと本物の元カノが本人役で出演！　それが話題になって視聴十万回を突破したんだけど、番組ではその舞台裏を明かした。

コットンクラブのベース、黒河総司が彼女に振られたことを知った僕が、出演交渉しようと提案。総司は「大丈夫です」と強気の構えだったけど、実はびくびくしながら電話して、元カノをラボに呼び出すという展開だ。

いやあ、元カノの「あーちゃん」、僕らの無茶振りを快諾してくれてありがとう。「お別れはしたけど、バンドを応援しているのでなんとか成功してほしい」という言葉が泣かせるね。

ほかにもこの番組に出演する新メンバーのオーディションをやったり、旅に出たり、大学の軽音楽部に突入したり、手を替え品を替えやってるから、ぜひ見てほしい。

第8章　未来

さて、僕の話も終わりが近づいてきた。最後に、これからやりたいことについて書いておきたい。

まずは、バズについて。この本を書いている二〇二三年、実はすごく大きな出来事があったんだ。それは、ホークス球団創設八十五周年とドーム開業三十周年を記念したテーマソングを制作したこと。「KIDS ARE ALRIGHT」という曲で、僕が作詞作曲、プロデュースした。

もう一曲「プレイヤーズ」という曲も作った。こっちはＴＮＣテレビ西日本が開局六十五周年を記念してホークス球団と共同制作したドラマ「1回表のウラ」のテーマソングになった。ホークスの歌を二曲も同時に手掛けられるなんて、激アツだよね。

最初はＴＮＣからドラマの劇中の音楽をやってほしいという話が僕に来て。主題歌は僕がプロデュースしてほかのアーティストに歌わせようとしていた。それで僕もシンガーを探してたんだけど、なかなか見つからなかったんだ。

だったらもう、バズでやったら盛り上がるんじゃないかという話になって、球団もＴＮＣも了解してくれたんだ。それで、二曲提案したらどっちもいいねっていうことになって、話が決まった。これはかなり珍しいことだと思う。

そして、バズにとっては古巣のエイベックスから二曲を配信リリースした。これもなかなかないことでね。バズは再結成してから僕の会社スクランブルズ所属で、どのレコード会社とも契約していなかった。つまりインディーズとして活動してたんで、まあ言ってみれば二度目のメジャーデビューというわけだ。

そしてさらに、ホークス、ＴＮＣ、スクランブルズ、そしてエイベックスという協力体制ができたことで、また奇跡が起きた。それは、「KIDS ARE ALRIGHT」のＭＶをドームで撮影できたこと。それだけじゃなくて、試合前に大観衆の前で歌わせてもらったんだ。

「つまずいて不安になって　繰り返されてく毎日　繋がってる事も　忘れそうになる
そんな時に僕らを　勇気づけてくれる場所が　この街にはあるんだ
改札人混み　かき分けて　あの川沿い　駆け抜けた　高鳴る胸あの曲を口ずさむ

精一杯叫ぼうぜ　共に歩み続けた軌跡
子供の頃夢中になった景色が今も　ここにあるんだな
さぁ手を振りかざせ　共に歩めるという奇跡
何年だって何十年だって　受け継がれてきた　夢をつないでくストーリー」

読んでもらえばわかると思うけど、野球少年だった僕の思いが詰まった歌詞なんだ。幼い頃、親父に連れられて行ったのは、西鉄ライオンズやホークスの本拠地だった平和台野球場だけど、それがドームに移転した。その景色をリアルタイムで見てきたからね。

そして今は娘を連れて毎週、ドームに通ってる。娘がホークスの公式チアリーディングチーム「Honeys」（ハニーズ）のキッズ向けダンススクールに入ってるから。まだ六歳だから野球を見てもそんなに興味はないみたいだけど、中村晃選手が好きだとか言うようになったしね。

だから「子供の頃夢中になった景色」というキーワードが、パッと頭に浮かんだんだ。福岡では親子代々、そんな景色が受け継がれている。それって、かなりエモいことなんじゃないかな。

お前もちっちゃい頃、ドームに行きよったろ？　俺も行きよったよ、なんて福岡の人は言わないと思う。だって、一度くらいは行ったことのある人が普通だからね。そういう街の風景は誇った方がいい。

そしてそこは、僕もそうだけど挫折しても勇気をもらえる場所なんだよ。だからこの曲で、何かに向けて一生懸命頑張っている人たちの背中をちょっとでも押してあげられたらと思ってる。

ドームで撮影したＭＶには、英国スコットランドと福岡で活動しているプロダンサーの福原塁くんに出演してもらった。知人の紹介で知り合って、時々ガルディロックスに遊びに来てくれてた。お母さんがスコットランド出身で、お父さんは福岡人。「塁」という名前の通り、彼も野球が大好きだそうだ。

「日本におる？」って電話したら出演を快諾してくれて。少年のような面影を残した彼の躍動が素晴らしかった。ドラムの轟くんも高専の野球部だったから、プロのグラウンドに立つという夢がかなってよかったと思う。

「KIDS ARE ALRIGHT」というタイトルは、僕が大好きなバンドThe Whoの曲から拝借したんだけど、子どもだったら何でもできるっていう意味なんだ。塁くんのダンスはまさにそれを表現してくれてて、映像を見ながら泣きそうになったよ。

もう一曲の「プレイヤーズ」はビルの屋上で撮影した。事務所が入っているビルのオーナーが音楽に理解があって、屋上を使いたいと言ったら、もっといいところがあるよって紹介してくれた。そこを無料で貸してもらったんだ。

いやぁ、ほんとにアマチュアパワーを発揮してるよね。人と人とのつながりで、どんどんつながっていくっていう。でもそこが大切にしたいところなんだ。もちろん、お金を払えば何でもできるけど、そうじゃなくて物事を成し遂げるまでのストーリーが好きなのかもしれない。

僕が福岡にいる理由は、そこなのかな。だいたい友達の友達は友達になれるし。ＭＶは僕が監督して、うちのスタッフが撮影、編集したんだけど、照明は昔の仲間に頼んだらただで持ってきてくれた。だからすごく自分の思いを込めることができたんだ。

ドラマ「1回表のウラ」は、戦力外通告を受けた選手が、悔しい思いを抱えたまま裏方に回るというストーリーでね。球団職員になって開幕戦セレモニーを仕切ることになるんだけど、トラブルがたくさん起きるっていう。歌詞はそんな内容に寄り添って作った。

「光と影　表とウラが重なってく　やがて笑顔がおとずれる時はきっと来る
時には土に　膝から崩れて　立ち上がれない時もあった
だけど繋いだ手と手を　硬く握って　支えあって生きてきたんだ
何十年も 何十年も　つながり続けた想い　この場所で生まれた栄光のプレイヤーズ
もう一回もう一回　諦められない想い　僕は今でもこの胸に秘めてる」

じゃあ、どんなMVにするかって考えた時に、これって僕らの仲間の話と同じじゃないかと思ったわけ。ほとんどのバンドマンは、就職して違う道に進んでる。僕は運良く音楽を続けられてるけど、みんな志半ばだったんじゃないか。でも、夢を変えてしっかり頑張ってる。そんな彼らの今を撮りたいと思ったんだ。

それで、バズのメンバーみんなで手分けして、昔の仲間に会いに行った。久留米市役所の職員だったり、レコード店をやってたり、居酒屋で料理してたり。スポーツジムのトレーナーとか、前にも出てきたけどうちのPAの仲西さんとか。林業やってるヤツもいて、山奥でチェーンソー使って伐採してるところを撮影した。

もうこれはドキュメンタリーだね。みんな堂々としててカッコいいんだ。それぞれが働いてる現場で撮って、サビを歌ってもらった。バンドマンが見たら絶対泣くよ。普通だったら、有名な映像監督とか俳優さんとかに頼むし、それも素敵だと思う。でも、バズらしさが出せたんじゃないかな。

そんなMVを作っていてだんだんわかってきたんだ。僕が大事にしたいのは、自分たちの作りたいものを自分たちで作るということなんじゃないかと。どれくらいお客さんに伝わるかはわからないけど、薄っぺらいものは作りたくないということかな。

今のバズは、誰かから「売れなきゃいけない」って言われるバンドじゃない。僕らは「最強のインディーズバンド」って呼んでるんだけど、始めた頃のノリで本当にやりたいことだけをやって、その結果、売れたらいいなっていう感覚なんだ。

これからもその気持ちを大事にして、何かが起こせたらと思う。

そして、もうひとつやりたいことがある。それは新しいアイドルグループを作ること。僕はやっぱり0を1にするのが好きだし、アイドルって本当に素晴らしい文化だと思うから。

もともとは、僕が見つけて売り出したいというよりは、支援してあげたいという気持ちが強かった。今はそれもあるけど、自分の芸術作品、音楽を発表する出口として、シンプルに松隈の曲を歌ってくれるアイドルを見つけたいと思っている。

それで二〇二二年から「チャレンジオーディションGO!GO!GO!」という企画を始めた。新人アーティストを募集して、上位一組には僕が曲を提供してプロデュースするんだ。決勝戦のステージは、大分県別府市の城島高原パークで開催した音楽フェス「UNDER THE SCREAM!! 2022」の前夜祭だった。これがすごく盛り上がったんで、手ごたえを感じたよ。

こういう企画を続けていけば、きっと有望新人が発掘できると思う。全国からそういう新人を集めて、福岡を拠点にしたアイドルグループを作りたい。

余談だけど、この時、優勝したのがPOPPiNG EMO（ポッピングエモ）っていうアイドルグループだった。これがまた不思議な縁で、プロデューサーは若い頃のバンド「ＡＫＩＲＡ」のベースだった坂田鉄平さんなんだ。

言っとくけど、優勝したのはまったくやらせじゃなくて実力だよ。それで鉄平さんも城島高原まで来てくれてて、フェスに出演したバズの演奏も見てくれた。僕は年に一度くらいは会ってたけど、ほかのメンバーとは本当に久しぶりの再会だった。

僕らはメジャーデビューして上京する前、関東でツアーする時は先に上京していた鉄平さんの家に一週間ぐらい泊めてもらってた。だから再結成したバズを見られたのには、鉄平さんも感動してたね。

ほかにやりたいのは「劇伴」。映画とかテレビドラマ、演劇、アニメ、ゲームなんかの劇中で流される音楽なんだ。これまでやってきて、僕はストーリーに音楽をつけるのが得意なんだとわかった。売れる曲を書いてほしいって言われるのは、実はあまり得意じゃないんだ。

「仮面ライダーBLACK SUN」の劇伴をやらせてもらった時は、楽しくてしょうがなかったし、アイドルの場合も彼女たちのストーリーにBGMをつける気分で作ってた。もがき苦しんだり、さあ行くぞって気合を入れたりする彼女たちの姿を見ながら、そのストーリーを音楽にしてた感じかな。

そのためにはいろんな人と会ったり、仲良くしたり、後輩とかの面倒を見たり、野球をやったり、っていうことが必要で。いろんな感情とぶつかり合えることでドラマが生まれるし、曲が生まれるんだと思う。

バーとかライブハウスとかをやってしまうのも、そんな人間ドラマが好きだからかもしれないね。普通に音楽活動するんだったら、そんなことする必要ないし。金儲けしようと思ったら、全国展開するとか投資するとかってことになるんだろうけど、儲けようと思ってないからね。

だから、みんなから何をやってるのか意味わかんないとかよく言われる。でも、僕としてはちゃんと音楽に昇華しているし、それが一番楽しいことなのかもね。

自宅にスタジオ作ってこもって、自分の好きな楽器集めて、自分で最高の音楽を作るというのも音楽家としてのひとつの在り方だし、それも素晴らしいことだと思う。

でも僕は逆だなと。ライブやってた経験もあるから、ツアーでいろんな人と会って、飲み会で語り合ったり、時には喧嘩したり。ファンと触れ合って「屋上の空」みたいに忘れられない出来事も起きる。

そういう人と人との化学反応が大切なんだと思う。だから、何か事を起こす時は、その結果として何かが起きると思ってやってる感じかな。例えば、バーにこいつとこいつを雇ったら面白いことが起きるんじゃないかとか。高専の頃は化学に興味は持てなかったけどね。人と人が出会って煙が出て、いい意味で爆発した時に新しいものが生まれるんだと思う。

そしてわかったのは、九州の人たちって前にも書いたけど、友達の友達だったらもう友達みたいなところがあってね。たまに悪い人もいるけど、圧倒的に信頼度が高くて。合わない人には近づかないし、合いそうな人が自然と集まってくるっていう感覚があって、だから住みやすいんだと思う。

とりあえず酒を飲めば仲良くなるやろみたいな気質も、僕にはすごく合ってるし、何かを発信していればどんどん協力してくれる。とってもストレスフリーやね。

とにかく、松隈ケンタはこれからも福岡で、爆裂にエモく生きていくけんね。こんな男やけど、これからもよろしく！

Buzz72+ 座談会

2023年5月27日、「Buzz72+」は福岡ペイペイドームのグラウンドに立った。福岡ソフトバンクホークス対千葉ロッテマリーンズの試合開始前。4万人で満員となったドームに、ホークス球団創設85周年・ドーム開業30周年記念テーマソング「KIDS ARE ALRIGHT」が響き渡る。メジャーデビュー、活動停止…栄光と挫折を味わいながら再結成を果たし、故郷で最高のステージに立った4人が今、思いのすべてを語る。　（聞き手：藤堂ラモン）

栄光と挫折……今また、四人で「人の心」を動かしたい

――ドームで歌った気分は？

井上マサハル（ボーカル）　リハーサルはめちゃめちゃ緊張したけど、会場の熱気を感じて、緊張してる場合じゃないなと。一分一秒をかみしめたいと思って、本番はメンバーの動きとかハニーズのダンスを楽しみながら集中して歌えましたね。

北島ノリヒロ（ベース）　ドームでやれること自体が「そんなバカな」ということからのスタートだったから、あとは本当に楽しむだけっていう感じで。ライブハウスと違ってお客さんの顔は見えないし、気楽にやれたかな。

轟タカシ（ドラム）　ＭＶ撮影もドームでやらせてもらってたせいか、落ち着いてやれたね。今回はお客さんがいたんで、ライブの前みたいな緊張感もあったけど、本番は満喫させてもらいました。

松隈ケンタ（ギター）　ライブハウスとかだとお客さんは僕らを知ってる人たちだけ

ど、今回はほとんどが「あの人たち誰?」っていう状態で。そういうライブは新人の頃、ハルが花道まで滑って叫んだ伝説の「a-nation」以来じゃないかな(笑)。それにお客さんは野球ファンで、音楽ファンですらないという究極のアウェーだから、そういう面で慣れない部分はあったかな。

——轟さんは栗原陵矢選手のユニホームを着てましたね。

轟　野球やってたし、オールドファンだから小久保裕紀さん(二軍監督)とか城島健司さん(球団会長付特別アドバイザー)とか藤本博史監督にしようとも思ったけど、若いファンのことも考えて決めました。栗原選手はもともとキャッチャーだから、ドラマーのイメージにも合うし。目の下に貼る黒いペイントシールも、栗原選手の角度を研究したんすよ。

ハル　バックスクリーンのビジョンに映ってたよ。でも、あれだけデカいと自分が映っても他人みたいで現実味がなかったね。

——活動停止を経て十八年ぶりの再デビューみたいな感覚でしょうか。

松隈　チャレンジする感じはデビューの時と似てたし、この年になるとやったことないことをやる機会が減るんで。演奏前のMCもどんなトーンで言えばいいか正解がわからなかった。キーがよくわからないというか。リハーサルでは高めのキーでしゃべったもんだから、みんなにバカにされて(笑)。

でも、演奏はフルコーラス、それも歌詞の字幕つきでテレビ中継してもらったから、反応がものすごかった。

ハル　始まったらみんないつも通りだったけど、本当に起きてることかという感覚はありましたね。

——みなさん、松隈さんとの出会いは？

ハル　二十歳すぎぐらいだったかな。僕はラスベガスというバンドで、彼はＡＫＩＲＡというバンド。よく対バン相手になって打ち上げとかで一緒になってた。でも僕のバンドは活動休止してね。その時に誘ってもらったんだ。

ノリ　僕も別のバンドだったけど、声かけてもらって。

——四人になって最初の曲は？

松隈　「旅路の果て」っていう曲で。ハルの声に合わせて「屋上の空」みたいなバラードチックな感じ。もともとハルはハードロック系やったけど、その方がいい感じだったから。

ハル　僕はビジュアル系みたいな感じでやってたから、そういうニュアンスは結構難しかった記憶があるな。すぐ、しゃくっちゃうから。

——松隈さんの印象は？

ハル　切れ者というか、仕掛けるのがうまいなと。みんなが盛り上がるような企画とかイベントをよく考えてたね。そのイベントを何のためにどう作りたいかみたいなイメージがあった。彼はたぶん、その先にあるメジャーデビューまで見えてたんじゃないかな。音源を作ってレコード会社とか音楽事務所に送るとか。僕なんかは楽しければＯＫだったし、その辺がぼやっとしてた。

ノリ　前のバンドの時に、佐賀で対バンして。そのとき本当にケンちゃんのギターがカッコよくて。ギブソンのレスポールを低めの位置で弾いてた。「ジミー・ペイジ」スタイルだったね。それからすぐ誘いの電話が来て。お、ラッキーみたいな感じで。会って「何の音楽が好きか」って聞かれて「エアロスミス」って言ったら即ＯＫだった。

松隈　まあ、とにかくベースがいなくて切羽詰まってたから、何の音楽が好きでもよかったんだよ（笑）。それにノリは鉄平さんに似てカッコよかったからね。

ノリ　ケンちゃんのイメージは「鍋会を企画する人」。とにかく企画するのが大好きで、カラオケ行こうとか飲みに行こうとか。週末の度にセッティングされて楽しかったし、いい「兄ちゃん」って感じでしたね。

轟　僕は久留米高専の野球部で、三年の時に一年の松隈くんが入部してきた。眼鏡をかけとったね。でも、彼はすぐ辞めたからそれっきり絡みはなくて。それから僕は宮崎の大学に編入したんだけど、戻って来た時に鉄平さんから誘われたんだ。でも、その頃の松隈くんはサブキャラであんまり目立ってなかった。

松隈　そりゃあ、ほかのメンバーは二年上の先輩たちだから怖くてね。ただ曲を作れって言われて真面目にやってたよ。

轟　それからバンドが二人きりになったから、この先どうするかを松隈くんとすごく話した。ノリに電話して誘ったのは僕だけど、実際に会ってみたら人違いで(笑)。でも結果オーライやった。ハルは松隈くんが誘って。練習の時に逆立ちして「気持ちぃい〜」とか叫びよったやろ？

ハル　ライブじゃバク宙もしたね。もう、やれることは何でもやってた。

轟　松隈くんと考えて、CDのプレスは外注と自作のどっちがいいかとか、印刷をどうしようとか、ホームページとかメールマガジンは必要だよな、とか。

ノリ　それで僕は音源をCDに焼く係になって。大学生だったんで友達に頼んで焼いてもらった。一人五枚ずつとか。

轟　僕は盤面とかのデザイン係。

ハル　僕は音楽事務所とかに送る係だった。

——それでメジャーデビューしたのに、活動停止してしまったわけですけど。

ハル　デビューが決まった時は「おお、やった」ぐらいの感覚でしたね。今思えばそこがスタート地点やったけど、ゴールした感じで。だから、その後どうするかみたいな部分も、誰かの言うこと聞いてればいいみたいになって。そしてのどを痛め始めて、高音が出なくなって。メンバーは「よかよか気にするな」って言ってくれたけど、精神的に追い込まれたというか。アマチュアの頃の勢いもなくなったし、いいものは生まれないですよね。

ノリ　バンドを組んだ頃は友達感覚で、練習後にファミレス行っても誰かが帰ろうと言うまでずっといましたね。ただ、メジャーになると「俺はこう思う」という自己主張ばかりになってしまって崩れていったのかな。周りを見ているのはケンちゃんぐらいだった。

松隈　ノリが渋谷でキレたこともあったね。ライブハウスの屋上で「やっとられん」とか言ってベースを投げた事件(笑)。スローモーションで記憶にあるよ。ファンから「音楽性が変わった」とか言われてさ。

轟　上京して、住む場所をどこにするかでもまとまらなくて。事務所の人たちを通じて音楽関係の人脈は広がったけど、逆にバンド内は薄まっていったのかな。

――再結成のきっかけは?

ハル　松隈から連絡が来て。「四人でやりたいと思ったことをやろう、一人でもやりたくなかったらやらない」という言葉が刺さったというか。僕も長い時間をかけて、昔のモヤモヤを自分なりに消化できてたから。今は周りの人たちも含めて本当にいいチームだし、一緒に時間を過ごしたいと思ってます。

ノリ　僕は今、会社員として仕事をしてるけど、その経験が大きい気がする。若い頃は組織というものを考えてなくて、我を通すばっかりで。それと逆に社会に出てみて、バズの四人は考え方も合う方なんだというのもわかったし。

轟　バズが活動停止して就職活動してた時に「なんでバンドは活動停止したのか」ってよく聞かれて。いや〜、やっぱり人間関係はバランスが大事ですね、とか言って面接に合格したんで、バズには感謝してるけど(笑)。今はフラットにみんなと会えるし、あんまり一生懸命になりすぎないようにやろうと思ってる。

――松隈さんが音楽プロデューサーになると思ってましたか？

轟　アイドルをプロデュースするとは全然思ってなくて。レコーディングエンジニアとか、作曲家かなと。

ノリ　最初は大丈夫かなと心配しました。ゼロからのスタートだったし大変だなと。でもそれがＢｉＳとかＢｉＳＨになっていって、すごいなと。

ハル　中川翔子さんとかＢｉＳＨの話を聞いて、素晴らしいと思ってたよ。いい曲だなあとか、これは売れるなあとか。

ノリ　そうそう、バズは音楽性の違いで活動停止したわけじゃないから。

松隈　そこに「いらつき」はないわけね(笑)。ありがとう。

――今後の活動は？

松隈　アルバムを作りたいとは思ってます。単曲が主流の今の時代的にはどうなのかとは思いつつ、逆に十二曲ぐらいのロックバンドっぽいアルバムとか作るとか。この四人でできる音楽がどうなっていくのかを追求したいですね。

ノリ　四人の関係性も誰かにすがってるわけじゃなくて、それぞれのアイデアがうまく生かされてるし。僕らはとにかく、人の心を動かしたいんだと思う。

松隈　そうそう。そのためのツールがバンドだし、楽しい場所を作りたいだけなんだよね。この四人が集まればドラマが生まれるし、お客さんが集まってグッときてくれる。それでいいんじゃないかな。

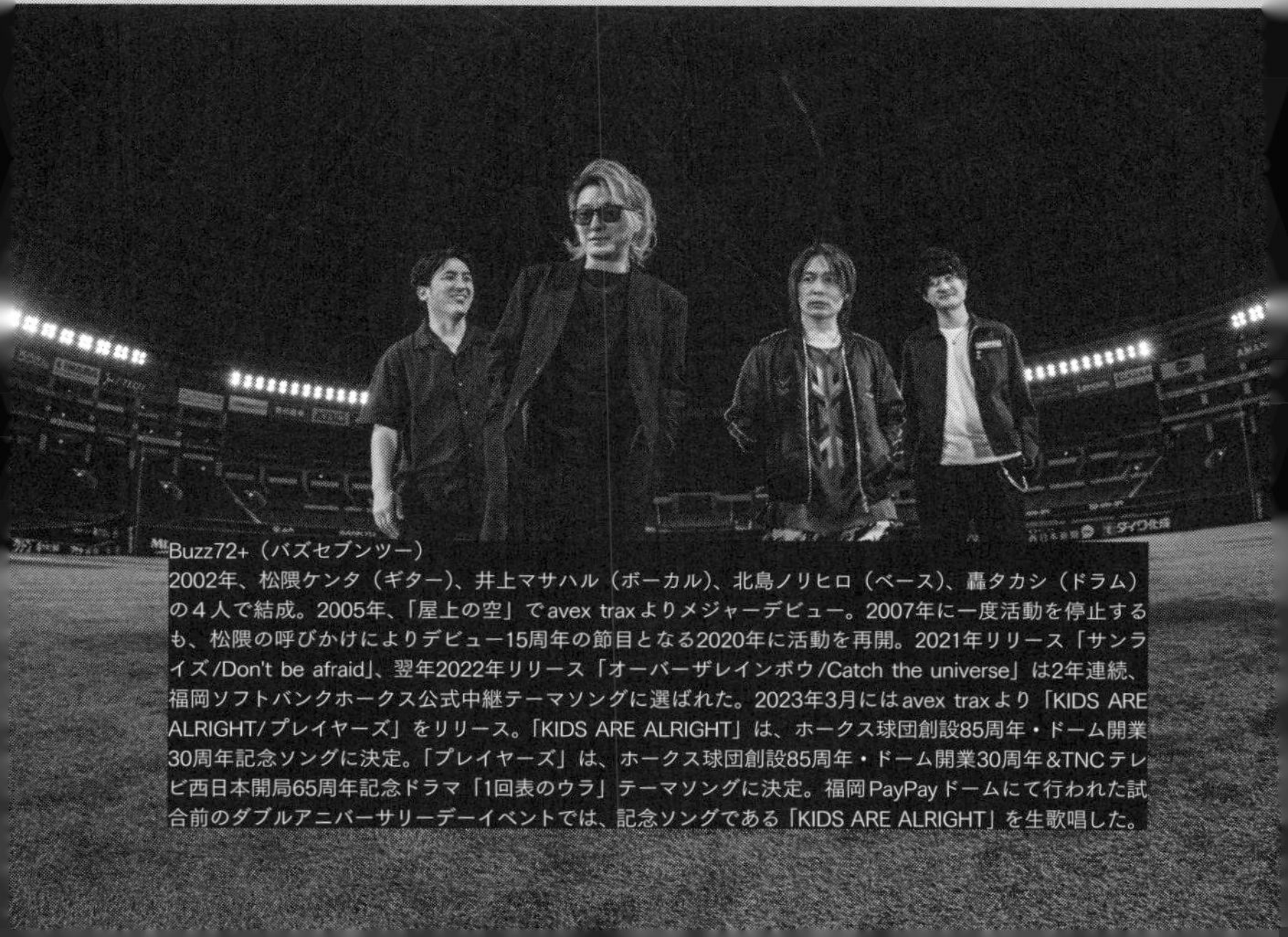

Buzz72+（バズセブンツー）
2002年、松隈ケンタ（ギター）、井上マサハル（ボーカル）、北島ノリヒロ（ベース）、轟タカシ（ドラム）の４人で結成。2005年、「屋上の空」でavex traxよりメジャーデビュー。2007年に一度活動を停止するも、松隈の呼びかけによりデビュー15周年の節目となる2020年に活動を再開。2021年リリース「サンライズ/Don't be afraid」、翌年2022年リリース「オーバーザレインボウ/Catch the universe」は2年連続、福岡ソフトバンクホークス公式中継テーマソングに選ばれた。2023年3月にはavex traxより「KIDS ARE ALRIGHT/プレイヤーズ」をリリース。「KIDS ARE ALRIGHT」は、ホークス球団創設85周年・ドーム開業30周年記念ソングに決定。「プレイヤーズ」は、ホークス球団創設85周年・ドーム開業30周年&TNCテレビ西日本開局65周年記念ドラマ「1回表のウラ」テーマソングに決定。福岡PayPayドームにて行われた試合前のダブルアニバーサリーデーイベントでは、記念ソングである「KIDS ARE ALRIGHT」を生歌唱した。

あとがき

Of the musician, ミュージシャンの、
By the musician, ミュージシャンによる、
For the musician. ミュージシャンのための会社

僕の音楽制作チーム、スクランブルズの社訓である。

プロアマ問わず音楽を発信する全ての人々を〝ミュージシャン〟と定義し、最大のリスペクトを忘れないようにという意味を込めて設定した。

どこの業界でも似たようなものだと思うが、利益やトレンドを優先するあまり、クリエイターへのリスペクトが軽んじられ、負担がのしかかる事が多々ある（ビジネスにしていく上で仕方のない部分はあるが……）。


クリエイターは売れたら大金持ちというイメージがあるかもしれないが、それはCDが一〇〇万枚売れていた時代の幻想である。

固定給もなく、明日にははずされるかもしれないという〝保証のない状態〟の上で、顔や名前をさらけ出して自分の作品を発表するという事は想像する何倍も覚悟が要るという事を理解して欲しい。

そんなクリエイターの地位を向上させ、リスペクトを大切にするチームにしたいと思いここまでやっ

てきた。

時に理解されないこともあり、離れていった人たちもたくさんいるが、売れている時も売れていない時も変わらず接してくれる仲間がたくさんいた事は自分でも幸せだと思う。

スクランブルズに関わるクリエイターやスタッフ、スクランブルズミュージックカレッジで勉強している若者たちは最高の宝だ。


この本を執筆することでそんな仲間たちの存在を改めて感じることができた。

どん底の時代でも応援し続けてくれた妻や親族にはとても感謝している。

そして僕の手掛けた楽曲を愛してくれるファンの存在にはとても勇気をもらっている。

まだまだカッコいい音楽を作っていくから、ついてきてほしい。


最後に、まだまだ半人前の僕の半生を出版したいと口説いてくださったクラーケンの鈴木さん、執筆にあたり協力やアドバイスを頂いた西日本新聞の加茂川さんには特にお礼を言いたい。ありがとうございました。

この本を手にとってくれた皆さんの人生に、少しでも参考になることがあればと願っている。

２０２３年７月　松隈ケンタ

松隈ケンタ（まつくま・けんた）
1979年生まれ。福岡県出身。2005年、ロックバンドBuzz72+のギタリストとしてavex trax よりメジャーデビュー。2011年、音楽制作集団スクランブルズを発足。J-POPに本格的なロックを取り入れることに定評があり、BiSデビュー以降は、アイドルミュージックの根底を覆すエモーショナルなロックナンバーを量産。近年のアイドルがロックを歌うムーブメントに大きな影響を与えたパイオニアでもある。そのかたわら、地元福岡でレーベル"BAD KNee"を立ち上げ、次世代アーティストの発掘・育成にも力を入れている。

屋上の空
こうして音楽で生きてきた
2023年9月16日　初版発行

著者　松隈ケンタ

協力　SCRAMBLES

構成　藤堂ラモン
装幀　山田益弘
撮影　山中慎太郎（Qsyum!）※カバー、大扉、P195
校閲　永松里奈

発行人　鈴木収春
発行所　クラウドブックス
〒157-0061 東京都世田谷区北烏山2-3-3-508
TEL：050-3627-7344
URL：https://cloudbooks.biz　E-MAIL：info@cloudbooks.biz
発売所　クラーケンラボ
〒101-0064 東京都千代田区神田猿楽町2-1-14 A&X ビル4F
TEL：03-5259-5376
URL：https://krakenbooks.net　E-MAIL：info@krakenbooks.net

印刷・製本　中央精版印刷株式会社

ISBN 978-4-910315-29-4